Hortense Rathgeber-Desmousseaux

Für selbstlose Mitarbeit in treuer Verbundenheit zugeneigt

KLEINE LITERARISCHE GENUSSBIBLIOTHEK

Gastrosophie

EIN BREVIER FÜR GAUMEN UND GEIST
NEUE WEGE ZU TAFELFREUDE UND GESELLIGKEIT

Dr. med. Hans Balzli

Impressum

ISBN 978-3-7750-0800-6
© Hädecke Verlag GmbH & Co. KG, 71263 Weil der Stadt, 2020
Nachdruck des 1931 im Walter Hädecke Verlag Stuttgart erschienenen
Buches »Gastrosophie«.

www.hädecke.de

4 3 2 1 | 2023 2022 2021 2020

Alle Rechte der Verbreitung und Vervielfältigung, auch durch Film, Fernsehen, Funk, fotomechanische Wiedergabe, Tonträger jeder Art und Speicherung und Verbreitung in Datensystemen sowie auszugsweiser Nachdruck sind vorbehalten und müssen durch den Verlag genehmigt werden.

Redaktion & Lektorat: **Simone Graff**
Die Redaktion dankt Wilhelm Ott für die Unterstützung bei der Wiedergabe
der griechischen und lateinischen Zitate.
Zitat auf Seite 106: © Charles Baudelaire: Die Seele des Weines. Ausschnitt aus: Ch. B.:
Les Fleurs du Mal / Die Blumen des Bösen. Übersetzt von Monika Fahrenbach-Wachendorff. Stuttgart:
Reclam 1980, 2014. Revidierte Neuausgabe 2014. S. 307. –
© 1980, 2014 Philipp Reclam jun. GmbH & Co. KG, Stuttgart.
Illustrationen: **Brigantine Designs,** creativemarket.com

Gestaltung und Satz: **Julia Graff, Hädecke Verlag**

Gesetzt aus der Kepler (Adobe) und der Brandon Grotesque von *Hannes von Döhren* (HVD Fonts)

 Printed 2020 in Germany

Druck auf chlorfrei gebleichtem FSC®-Materialien aus
nachhaltiger Forstwirtschaft und Holz aus kontrollierter Herkunft

Ein verlagsneues Buch bekommt man in Deutschland und Österreich überall zum selben Preis.
Die kulturelle Vielfalt wird durch die gesetzliche Preisbindung geschützt. Auf dem Land und in der
Stadt, im Internet und in jeder Buchhandlung gilt der gebundene Ladenpreis.

Vorwort der Verlegerinnen

Der Wert des Essens und Genießens ist nicht nur ein kultureller, sondern auch ein gesellschaftlicher. Wie sehr er sich über die Jahrzehnte geändert hat und doch in vielem eine Konstante bildet, zeigt dieses, Werk aus dem Jahr 1931 von DR. MED. HANS BALZLI. Der Gastrosoph, heute wäre er wohl mehr als *Foodie* bekannt, liebte es, angemessen zu speisen, zu trinken oder zu tafeln. Diese Lektüre ist ein Zeitzeugnis der besonderen Art, zeigt sie doch, dass die Suche nach kulinarischer Weisheit schon seit jeher besteht und es zudem erstaunliche Parallelen zum heutigen Umgang mit unserem Essen und der Wertschätzung der Nahrungsmittel gibt. Die fleischarme und ausgewogene Ernährung (man denke an sämtliche Ausprägungen vegetarischer Ernährung) waren wie die Rohkost (Stichwort: *Raw Food*) fester Bestandteil. Der Autor selbst war übrigens – fast – Vegetarier.

Natürlich sind im Jahre 2020 einige Ansichten, die Balzli in seinem Ratgeber propagierte, glücklicherweise überholt. Dennoch haben wir diese Textstellen im Werk belassen und z. B. im Falle der Zutaten entsprechend kommentiert, da wir seine Schrift möglichst unverfälscht wiedergeben wollen. Ob es nun um die Rolle der Frau in der Kulinarik geht, Ansichten zur Weinbegleitung oder zur Musikuntermalung, viele Dinge betrachten wir heute mit anderem Maß und anderen Augen, sie fordern auch zurecht unseren Widerspruch heraus – aber sie sind im Rückblick doch äußerst amüsant zu lesen. Zudem haben wir die im Original griechischen, lateinischen etc. Zitate ins Deutsche übertragen – alle Altphilologen mögen es uns verzeihen. Wir wünschen viel Vergnügen bei dieser historisch-kulinarischen Lektüre.

Simone & Julia Graff

»Ich lebe von guter Suppe und nicht von schöner Rede,
Von VAUGELAS *lernt man nicht, einen guten Eintopf zu machen,*
Und MALHERBE *und* BALZAC, *wenn auch Gelehrte schöner Worte,*
wären in der Küche, vielleicht, Dummköpfe gewesen.«
aus »Die gelehrten Frauen« von MOLIÈRE *(1622 bis 1673)*

Vorrede

Mein Vorwort soll weder das Erscheinen dieses Buches vor den Gesundheits- und Nützlichkeitsfanatikern entschuldigen noch der Gastrosophie blinde Nachbeter und Mitläufer zuzutreiben versuchen. Der Gegenstand meiner Arbeit, die Eßkunst des geisterhöhten Menschen und – noch über sie hinaus – die Weisheit des Essens, bedarf keiner empfehlenden Einführung und hat es auch nicht nötig, sich ob seines Daseins zu rechtfertigen. Die Gastrosophie ist eine der edelsten Blüten des Menschseins, ist mit der schönste Ausdruck des Unterschiedes und Abstandes zwischen Mensch und Tier, und wer sie lästert, weiß daher nicht, was er tut, und hat einzig auf mein Mitleid Anspruch. Beziehungen zu ihr kann allein der unterhalten, der schon als feines Sinngeschöpf in die Welt gekommen ist und sich außerdem eine hohe persönliche Kultur erworben hat. Muß ich da noch betonen, daß ich bloß für die schreibe, denen eine Begabung für die Eßkunst bewußt ist oder in denen sie wenigstens schlummert und nur der Erweckung harrt? Ich will auf keinen Fall die Bejammernswerten zu beeinflussen versuchen oder gar verführen, die – im Banne irgendwelcher Vorurteile oder Sektiererien – in die Welt hinausposaunen, die Ernährung sei etwas Niedriges, Tierisches, Materielles und im Verfolg dieser vorgefaßten Meinung jede Freude am Essen und Trinken als Sünde verschreien, ja nicht einmal den bescheidensten Tafelgenuß zulassen. Ihnen ist in ihrer gesuchten Verschlossenheit und Kulturlosigkeit überhaupt nicht beizukommen, ihnen kann niemand helfen. Ich will sie ihrem gräßlichen Fraße nicht abspenstig machen. Den andern aber will ich mit vielfach erprobten Ratschlägen zur tiefsten Auskostung der Tafelfreuden an die

Hand gehen, und zwar immer im Einklang mit den fortschreitenden Erkenntnissen der wissenschaftlichen Ernährungshygiene.

Bei der großen und weitreichenden Bedeutung der Küche, des Kellers und der Tafel nicht allein für das Befinden und die Leistungen des einzelnen, vielmehr auch für das gesamte Weltgeschehen darf dieser mein Beitrag zur Erhaltung der Kunst und Weisheit des Essens wohl auf freundliches Gehör aller von dieser Kunst und Weisheit Berührten hoffen. Mein Büchlein will vornehmen Menschen, die den Tafelgenuß in den Dienst edler Geselligkeit zu stellen lieben, Freund und Berater sein, und mit ihrem Beistande hofft es die Gastrosophie vor jedweder Verflachung und Verpöbelung zu bewahren. Es zeigt Wege zur Steigerung und Veredelung der heute so schwer bedrohten Lebensfreude und erhellt die Wichtigkeit der Genußpflege. Dadurch fördert es letzten Endes auch die bitter nötige Befriedung der Welt; denn böse sind nur hungrige und unbefriedigte Menschen. »Vitam, non mortem recogita! – An das Leben, nicht an den Tod denken!«

Ich erlaube mir den Vorschlag, eine gastronomische Weltpolizei ins Leben zu rufen. Frankreich hat mit derartigen Einrichtungen gute Erfahrungen gemacht. Die »Jury dégustateur«, die GRIMOD DE LA REYNIÈRE 1803 schuf, und der auch der MARQUIS L. DE CUSSY angehörte, durfte den Ruhm für sich in Anspruch nehmen, durch schonungsloses Anprangern aller Sudellokale das Publikum vor Schaden bewahrt zu haben. Und heute ist der »CSC« (»Club des Sans-Club«) der Schrecken aller Pfuscher und Nepper, da er in seinem Adreßbuche sehr genaue Auskunft über die guten und die schlechten Häuser gibt. Den Wirten und ihren Köchen muß heute um so mehr das Gewissen geschärft werden, als viele sich lediglich von schnöder Gewinnsucht leiten lassen und leider auch immer mehr chemische Erzeugnisse und Konserven in die Küchen eindringen und die allein zulässigen frischen und natürlichen Nahrungsmittel verdrängen. Ich lade alle Leser, die sich dieser Aufgabe widmen wollen, freundlichst ein, mit mir und untereinander in Verbindung zu treten.

Einführung in Theorie und Lehre

Geschichtlicher Überblick

Die Anfänge der Eßkunst haben wir im Morgenlande zu suchen; wenn nicht in Indien, so doch in Lydien und Persien, in Assyrien, Kappadozien und Phönizien. Aus dem Morgenlande ist die Eßkunst nach Ägypten und Griechenland gekommen, von Griechenland schließlich nach Rom. Ich bedaure, aus Rücksicht auf den geringen Umfang dieses Buches mir alle Einzelheiten versagen zu müssen.

In Rom hat die hohe Kochkunst und mit ihr die Eßkunst die erste Gipfelung erreicht. Das gewaltige Weltreich lieferte der Hauptstadt die allerverschiedensten Nahrungsmittel. Wir wissen von zahlreichen hervorragenden Nahrungsmittelkennern und Köchen (Opsartytikern) und von noch viel, viel mehr Gastronomen jener Zeit; bei ihren Namen will ich mich nicht aufhalten[1]. Die schöne Übung ist später in Völlerei ausgeartet; ob die Völlerei den Verfall des stolzen Volkes herbeigeführt oder ob vielmehr die allgemeine Entartung auch der Gastronomie den Todesstoß versetzt hat, bleibe dahingestellt. Die Flut der über die Alpen hereinbrechenden Barbaren hat Rom vernichtet und scheinbar auch die letzten Spuren der Eßkunst hinweggefegt. Aber nur scheinbar hat sie die Gastronomie mit erschlagen. In Wirklichkeit ist die Eßkunst in die Kirche hinübergerettet worden, und die Klöster haben die hohe Kochkunst gepflegt und erhalten. Die Kirche hat vergnügtes Essen und Trinken für ein Gott wohlgefälliges Tun erklärt.

Ein erneuter Höhepunkt in der Geschichte der Gastronomie ist der hl. FORTUNAT. Er wurde gegen 530 in Duplavilis bei Treviso (Venetien) geboren. Nachdem er in Ravenna studiert hatte, zog er durch Venetien, Friaul, Noricum, Rhätien, Bayern und über den Rhein und kam 566 nach Tours an den Hof der Merowinger. Von dort

---

1 Kochen heißt griechisch péssein und optán, lateinisch coquere. Das lat. Zeitwort soll vom griech. kykkân, mischen, kommen.

nach Poitiers, wo er die hl. RADEGUNDE und die hl. AGNES kennenlernte; er schloß Freundschaft mit diesen beiden Frauen, blieb und wurde später zum Bischof gewählt. Als Berater seiner Freundinnen – RADEGUNDE, die ehemalige Königin von Frankreich, hatte das Kloster Sainte-Croix gegründet und AGNES zur Äbtissin bestellt – wurde FORTUNAT oft von ihnen zu Tisch gebeten. Sie waren alle drei nicht allein von beweglichem Geiste, sondern auch mit einer feinen Zunge begabt. Gaumen und Geist kamen bei diesen Zusammenkünften auf ihre Rechnung, und FORTUNAT wurde zum Dichter, zum Sänger der Tafelfreuden. So ist er, der sonst nur als Verfasser noch heute gebrauchter liturgischer Hymnen (»Pange lingua« zu Fronleichnam: »Laß, o Zung, ein Lied erschallen«, »Vexilla regis prodeunt« am Passionssonntag: »Des Königs Fahne steigt empor«) bekannt ist, zu einer Leuchte der Gastronomie geworden.

Auf den Titel Gastronom hat auch KARL D. GR. (742 bis 814) einen gewissen Anspruch. Er hat bekanntlich die Gemüsezucht gefördert, und zu seinem größten Kummer hat er den Kopfkohl wohl geahnt, aber nicht mehr erlebt. Er ist auch ein Verehrer des Roquefortkäses gewesen.

Über das Mittelalter ist in Sachen der Gastronomie nicht viel Rühmliches zu melden. Hemmungsloses Fressen und unmenschliches Saufen kennzeichnen diese Zeit, der die Kreuzfahrer viele neue Gewürze beschert haben. Damals hat eigentlich nur das Fleisch etwas gegolten, und man hat viele Tiere verzehrt, die heute nicht mehr als eßbar gelten, aber alle Fleischarten haben infolge des übertriebenen Würzens ziemlich gleich geschmeckt.

Wahre Eßkunst hat erst wieder das Quattrocento und namentlich das Cinquecento gekannt. Florenz hat ihr zu schöner neuer Blüte verholfen.

Im Jahre 1533 zog KATHARINA VON MEDICI, eine Tochter des herrlichen und edeln LORENZO DA MEDICI, als Gemahlin HEINRICHS II von Frankreich aus ihrer toskanischen Heimat nach Paris. Mit dem Erscheinen dieser Frau, der nachmaligen Schwiegermutter MARIA STUARTS, beginnt Frankreichs geschichtliche Sendung und Weltmachtstellung als Hort und Pflegestätte hoher Kochkunst und Mutterboden aller Gastrosophie. Betrachtet euch ihr Bild im Palazzo Pitti, wenn ihr nach Florenz kommt! Diese Frau, die den Sohn der guten Königin CLAUDE und des ganzen Kerls FRANZ I heiratete, brachte aus dem damals blühenden Florenz, der Regina dell'Arno, hervorragende Köche mit und ließ sie am französischen Königshofe ihre Kunst zeigen. Frankreich übernahm willig von Florenz die besten Überlieferungen der römischen Kochkunst und Tafelfreudigkeit und der Florentiner Neuerwerbungen und vereinigte sie mit seinem Eigenen. So hat Frankreich die neuere Gastronomie geschaffen.

Es ist bezeichnend, daß die Anfangspunkte der heutigen Gastrosophie in das glänzende Renaissancejahrhundert fallen. Damals erlebten sämtliche Zweige und Fächer menschlichen Wirkens eine ganz unerhörte Blüte, und die Bedeutung der Tafelfreuden erhellt aus der Tatsache, daß auch sie zu jener Zeit liebevolle Pflege erfuhren und auf eine neue Höhe getragen wurden. Könnte der enge innere Zusammenhang, das tiefe Wechselspiel zwischen Geist und Tisch überzeugender vorgezeigt werden?

Die Renaissancemenschen waren Vollmänner und Vollweiber; sie verfügten über alle guten und schlechten Eigenschaften unserer Gattung und gaben sich auch so. Habt Achtung vor diesen Prachtgestalten, ihr blassen, schlotternden Zeitgenossen, und schmäht sie nicht soviel! Ich leugne nicht, daß damals und nachher noch gar nicht wenige unheimlich gefressen und fürchterlich gebechert haben. RABELAIS' (zwischen 1483 und 1500 bis 1553), des feinen Spötters, *Gargantua* ist eine Satire auf die Unersättlichkeit FRANZ I und seiner Zeitgenossen. Als ausnehmend tüchtiger Zecher ist auch HEINRICH IV (1553 bis 1610, König von 1589 an) zu nennen. KATHARINA VON MEDICI fraß 1575 auf einem Feste solche Riesenmengen ihres Lieblingsgerichtes: Artischockenböden mit Hahnenkämmen und -nieren (Cabanès), »daß sie sterben zu müssen glaubte und zweifach an ihrem Durchfall krank war« (PIERRE DE L'ESTOILE). Ein grausiger Vielfraß war vor allem LUDWIG XIV, sein Leibarzt FAGON (1638 bis 1718) mußte ständig an ihm herumflicken, und seine Obduktion lieferte ein erbauliches Ergebnis[2]. Die Freßbrüder taten sich zu Vereinen, »Sociétés de goinfres«, zusammen. Niemand sah in Gefräßigkeit einen Makel. In einem Briefe an NINON DE LENCLOS (1629 bis 1705) bekennt sich SAINT-ÉVREMOND (1610 bis 1703) als weiter Schlauch.

Gleichwohl haben diese Männer und Frauen die Grundfesten der Gastrosophie gelegt: der beherrschten Kunst und Weisheit des Essens, wie sie dem kultivierten Menschen ansteht. Ihrer gehört in unserem Schrifttum immer wieder gedacht.

Nicht genug mit der Unmäßigkeit, die noch keine reine Gastronomie aufkommen ließ, verunzierte in jenen Zeiten auch noch vielerlei Schwulst die Tafel: »cuisine d'apparat« (Prunkküche). Diesem Schwulst wurde zu Leibe gegangen, und die schöne Tafel kam immer mehr in Übung. Das Tischgerät wurde verbessert – die Gabel und der tiefe Teller kamen auf, und man lernte seine Hände an Servietten abwischen, statt an seinen Kleidern oder am Fell der den Tisch umlagernden Griffons und Windhunde –, auch bereicherte der wachsende Weltverkehr den Nahrungsmittelmarkt (Kaffee, Kartoffel), der Champagner wurde erfunden, und noch manches andere vermehrte die Genußmöglichkeiten.

Während der Regentschaft (1715 bis 1723) haben die künstlerische Küche und die Gastronomie weitere Fortschritte gemacht, ebenso unter der Regierung (1723 bis 1774) LUDWIGS XV. Auf die Zeit von etwa 1770 geht auch das erste Restaurant zurück. VOLTAIRE (1694 bis 1778) hat FRIEDRICH D. GR. gastronomisch belehrt; der König hat seinen Koch NOËL in französischen Versen verherrlicht.

Einen gewissen Rückschlag hat dann das Regiment NAPOLEONS I gebracht (1804 bis 1815); die Restauration hat ihn wieder wettgemacht. Über den Kaiser sind viele falsche Ansichten im Umlauf. Es hat ihm durchaus nicht an gastronomischer Begabung, wohl aber

---

2 *Des Sonnenkönigs Gefräßigkeit haben die* MARQUISE DE SÉVIGNÉ *(1626 bis 1696),* SAINT-SIMON *(1675 bis 1755) und andere anschaulich beschrieben. Nach seinem zweiten Gichtanfall hob er das Edikt von Nantes auf. Noch viele Herrscher, Gelehrte, Philosophen, Dichter und Künstler sind durch gichtische Beschwerden entscheidend beeinflußt worden.*

stets an Zeit zur Ausschöpfung der Tafelfreuden gefehlt. Der berühmte Gastronom L. DE CUSSY ist sein Berater und Tischgenosse gewesen. Den Kaiser haben unregelmäßiges Speisen und schlechte Nahrung gestürzt (Magenverstimmung vor der Schlacht von Waterloo) und getötet (Magenkrebs). Sein Nachfolger, LUDWIG XVIII (1814 bis 1824) und KARL X (1824 bis 1830), wirkliche Gourmands und Gourmets, haben die Gastronomie außerordentlich vorwärtsgebracht, und diese günstigen Umstände haben BRILLAT-SAVARIN sein unvergängliches Werk schaffen lassen.

JEAN-ANTHELME BRILLAT-SAVARIN (1755 bis 1826) aus Belley, also ein Kind der nahrungsreichen Landschaft Bugey (Département de l'Ain), ist der ruhmreichste Gastronom, den wir bis jetzt besitzen. Ich muß es mir versagen, sein wechselvolles Leben und seine unvergängliche Schöpfung zu schildern. Seine *Physiologie des Geschmackes* muß jeder lesen, der als Gastronom gelten oder gar zu den Gastrosophen gezählt werden will. Sie ist im Jahre 1825 erschienen, wenige Monate vor dem Tode ihres Verfassers; zunächst anonym: aus Bescheidenheit. Und die Antwort darauf? Ein Beifallsorkan! H. DE BALZAC (1799 bis 1850) preist den wundervollen Stil: »Seit dem 15. Jahrhundert, wenn man LA BRUYÈRE und LA ROCHEFOUCAUD auslässt, hat es kein Prosaschriftsteller verstanden, einem französischen Satz eine derart starke Gestalt zu geben.« Er hat im *Supplément de la biographie universelle Michaud* eine liebevolle Studie über das Buch veröffentlicht. M. DES OMBIAUX nennt BRILLAT-SAVARIN den »hl. Thomas von Aquino der Gastronomie«. Die *Physiologie des Geschmackes* ist in der Tat ein Kanon. Nur in wenigem ist sie heute überholt.

Ich übergehe BALTHASAR GRIMOD DE LA REYNIÈRE alias A.-L. LAURENT (1758 bis 1838), da wir es in ihm nicht mit einem Gastronomen, sondern mit einem Fresser, Dandy und Matuvu[3] zu tun haben. Seiner werde ich mich in einer andern und größeren Arbeit annehmen.

BRILLAT-SAVARIN hat einen großen Koch zum Zeitgenossen gehabt: den berühmten CARÊME (1784 bis 1833), um den sich die Kaiser, Könige, Diplomaten und Geldleute rissen. Leider haben sich

---

3 *Anm. d. Red.: Vom französischen »M'as-tu-vu«, Angeber*

diese beiden Männer gegenseitig verkannt. Hätten sie sich zusammengeschlossen, so wäre uns Unsterbliches von ihnen geworden.

Das vergangene Jahrhundert hat uns in reichem Maße wertvolle gastronomische Schriften und ausgezeichnete Kochbücher beschert. Es ist mir an dieser Stelle leider nicht möglich, dieses ganze Schrifttum zu besprechen. Ich nenne nur *L'art de dîner en ville (Die Kunst des Dinierens in der Stadt)* von COLNET, *Lois de la table (Tischgesetze)* von PANARD, *Code épicurien (Epikurs Kodex)* von DÉSAUGIERS, *La table au pays de Brillat-Savarin (Die Tafel im Lande Brillat-Savarins)* von LUCIEN TENDRET, *L'art de bien manger (Die Kunst des guten Essens)* von RICHARDIN, *La cuisine poétique (Die poetische Küche)* von CHARLES MONSELET, *Bien manger pour bien vivre (Gut essen um gut zu leben)* und *Code de la bonne chère (Kodex des guten Speisens)* von E. DE POMIANE; *La gastronomie pratique (Die Praxis der Gastronomie)* von ALI-BAB (H. BAGINSKI), *Le gotha des vins de France (Der Gotha[4] der französischen Weine)*, *Les fromages (Die Käse)*, *Les belles à table (Die Schönen am Tisch)* und *L'art de manger et son histoire (Die Kunst zu speisen und ihre Geschichte)* von M. DES OMBIAUX, *La psychologie de la table (Die Psychologie der Tafel)* von AUSTIN DE CROZE für Frankreich; *Geist der Kochkunst* von FRIEDRICH VON RUMOHR, *Vorlesungen über Eßkunst* von ANTONIUS ANTHUS (GUSTAV BLUMRÖDER), *Gastrosophie oder die Lehre von den Freuden der Tafel* von EUGEN VAN VAERST, *Weisheit des Essens* von C. G. VON MAASSEN für Deutschland. Mit besonderer Anerkennung sind die zahlreichen geschmacksphysiologischen Arbeiten des Berliner Arztes W. STERNBERG zu erwähnen.

Die Geschichte der zivilisierten und kultivierten Menschheit ist eine Geschichte der Gastmähler. Der Ärmste wie der Reichste will mit Genuß essen und trinken. Das Essen und Trinken ist ein Fest, und kein Fest vergeht ohne Essen und Trinken. Und dieser Tafelgenuß wird in Gemeinschaft, nicht in Einsamkeit geübt. Das Wort Mahl meint ursprünglich einen Vertrag oder eine Versammlung.

---

4 Anm. d. Red.: Der »Gotha« war das große Nachschlagewerk der Adelshäuser, übertragen könnte man heute vom Falstaff, Johnson oder allgemein von Weinguide sprechen.

Beim Volksgericht wurde stets gegessen und getrunken, ebenso bei der Abschließung von Verträgen. So ist es gekommen, daß jetzt die Gasterei selbst Mahl oder Mahlzeit heißt.

Wer ist ein Gastrosoph?

»Das Leben selbst hat die Natur gegeben,
das schöne Leben aber die Kunstfertigkeit.«
PAPYRUS VON HERCULANUM

Von jeher werfen Unkundige, die gleichwohl Sachkenntnis vorspiegeln, die völlig verschiedenen Begriffe Gourmand, Gourmet, Gastronom und Gastrosoph durcheinander. Darum gehören klare Deutungen dieser Ausdrücke an die Spitze meines Buches gestellt.

Die Wörter *gourmand, gourmandie* und *gourmandise* sind höchstwahrscheinlich keltischen Ursprunges und mit dem irischen Ausdruck *gioraman*, d. h. einer, der guten Appetit hat, wesensgleich. Sie wurden schon vor dem 13. Jahrhundert angewandt. Das Wörterbuch der Académie française und auch das des großen E. LITTRÉ (1801 bis 1881) erklären die Bezeichnung *gourmand* so: »celui qui aime la bonne chère«, d. h. »Ein Mensch, der einen guten Tisch liebt«. Gemeint ist einer, der etwas von der Eßkunst versteht. Ein Fresser (und Säufer) kann nicht Gourmand genannt werden. Für Fresserei hat die französische Sprache ganz andere Ausdrücke: *goinfrerie, gloutonnerie, empiffrerie, ripaille, voracité, crapule*[5].

---

5 *Die Römer haben den Gourmand durch Umschreibungen bezeichnet.* CICERO *nennt ihn* magister coenandi *(Meister des Essens),* PLINIUS *spricht von einem* sagax in gustu palatum *(Klug im Geschmack des Gaumens),* COLUMELLA *von einem* doctum palatum *(Gaumen-Experte); einzig* MACROBIUS *vergreift sich mit dem Ausdruck* leguritor *[Anm. d. Red.: Begriff nicht zuzuordnen].* CICERO *unterscheidet die* voluptas comedendi *(Ess-Vergnügen) sehr scharf vom* vitium ventri *(Bauch-/Magen-Krankheit), und den Fresser nennen er und* OVID vorax *(Unersättlicher),* SENECA *und* MACROBIUS gulosus *(Gefräßiger),* VARRO phago *(Fresser),* TERENTIUS gulae deditus *(Speisesüchtiger) und* SALLUSTIUS deditus ventri *(Bauchsüchtiger).*

Der Ausdruck *gourmet* hat eine lange Entwicklung obwohl er jünger ist als das Wort *gourmand*. Er führt auf das englische Wort *groom* zurück und wurde bei seinem Auftauchen im 14. Jahrhundert zunächst *grome* geschrieben. Damals bezeichnete er einen Knecht, der die Aufgabe hatte, die Weine zu befördern, d. h. von einem Orte zu einem andern zu tragen. Zu Beginn des 15. Jahrhunderts kam die Schreibweise *gromet* und *groumet* auf, und man verstand unter dieser Benennung den Lehrling oder auch Gehilfen des Weinhändlers.

Im 16. Jahrhundert entstand *gourmet* aus *groumet*; es bedeutete nun 200 Jahre lang einen Weinhändlersknecht oder Weinfuhrmann. Erst vom Ende des 18. Jahrhunderts an bekam das Wort einen andern Sinn. Damals verfielen die Emporkömmlinge und Neureichen darauf, die Weine, die sie ihren Gästen vorsetzten – Philosophen, Dichtern und Künstlern, an deren Beifall ihnen viel lag –, durch Kenner wählen zu lassen. Diese Kenner waren aber keine andern als die Weinfuhrleute oder Kellermeister: *les gourmets*. Durch Erweiterung des Wortsinnes kam man dann dazu, einen Tischgast, der ein edles Gewächs gebührend einzuschätzen wußte, *gourmet* zu nennen. Dabei ist es für alle geblieben, die etwas vom Gegenstand dieses Buches verstehen. Sowohl die Académie française als auch E. LITTRÉ geben in ihren Wörterbüchern folgende Erklärung für *gourmet*: »celui qui se connaît en vins, qui sait les goûter«, d. h. »Der Weinkenner; der Mann, der die Weine zu kosten versteht«.

Ein Gastronom nun ist nichts anderes als ein Gourmand. Diese beiden Begriffe decken sich. Die Gastronomie ist die Lehre vom Essen, auch die Kunst des Essens; die Gastrosophie die Weisheit des Essens (griech. *gastír* = Bauch, *nómos* = Gesetz, *sofía* = Weisheit*)*.

Während des zweiten Kaiserreiches (1852 bis 1870) brachten reich gewordene Bürger den Ausdruck *gourmand* in Verruf, und neue Précieuses ridicules setzten dafür *gourmet* ein. Daß G. FLAUBERT (1821 bis 1880) diese Leute nur verachten konnte, versteht man unschwer. Er war sich noch der Herkunft dieses Wortes bewußt. RABELAIS (zwischen 1483 und 1500 bis 1553), MONTAIGNE (1533 bis 1592), SAINT-AMANT (1594 bis 1661) und andere Gourmands, wie sie sich selbst nannten, wären sehr beleidigt gewesen, wenn man sie zu den Gourmets, d. h. Weinhändlersknechten und Weinfuhrleuten gerechnet hätte.

Wer über Gastrosophie mitreden will, muß sich ein für allemal einprägen, daß sich der Ausdruck *gourmet* niemals auf die Speisen, sondern nur auf das Getränk – den Wein nämlich –, bezieht, also mit dem Essen an sich gar nichts zu tun hat. Ich füge hinzu, daß ein Gourmet noch kein Gourmand (Gastronom, Gastrosoph) zu sein braucht, daß aber die allermeisten Gourmands auch Gourmets sind. Der Gourmet ist nur eine Seite des Gourmand.

Durch Unwissende also ist der Gourmand in den Geruch des Fressers gebracht worden, und man hat den Gourmet für den mäßigen und weisen Esser – den Feinschmecker – ausgegeben. Das ist Unsinn; denn wie ich bereits auseinandergesetzt habe, benützt die französische Sprache für Fresserei ganz andere Ausdrücke. Man kann daher nur den Kopf schütteln, wenn man etwa liest: »Der Gourmand sucht die Quantität, der Gourmet die Qualität.« In Wirklichkeit kommt es ja beiden nicht auf die Menge an; auch nicht auf die Schwere der Genußmittel, sondern auf ihre Güte: den Wohlgeschmack. Torheit und Irrtum ist mithin auch, was E. VON VAERST in seinem Buche *Gastrosophie oder die Lehre von den Freuden der Tafel* (1851) über den Gourmand und den Gourmet verlauten läßt. Ich erinnere an die Kapitel »Von der Gourmandise« und »Von den Gourmands« in BRILLAT-SAVARINS *Physiologie des Geschmackes* und wiederhole seinen Satz (10. Aphorismus): »Wer sich vollfrißt oder besäuft, versteht weder zu essen noch zu trinken.« Von *gourmand* gibt es eine weibliche Form, von *gourmet* nicht. Diese Tatsachen führen uns auf die Frage, ob auch die Frau teilhaben kann an der Gastrosophie.

Die Physiologie hat unwiderleglich gezeigt, daß der Geschmackssinn der Frau sehr viel stumpfer und weniger umfangreich ist als der des Mannes und dem des Kindes ähnelt. Er ist in der Entwicklung stehengeblieben. B. BJÖRNSON (1832 bis 1910) hat das gewußt und es in seinem Stück *Wenn der junge Wein blüht* schön zum Ausdruck gebracht. Die Frauen sind z. B. viel mehr auf Süßigkeiten erpicht als die Männer; sie gleichen darin ganz den Kindern. Sobald der Knabe zum Manne wird, verlieren die süßen Sachen einen großen Teil ihres Reizes für ihn. Der Schulknabe HÄNSCHEN RILOW, den F. WEDEKIND in *Frühlings Erwachen* noch immer »von nichts als Sandtorten und Aprikosengelee« träumen läßt, ist eben noch kein Mann, sondern ein Kind. Selbst bei den Tieren ist das Geschlecht von Einfluß auf den Geschmack. Man darf nun aber keineswegs annehmen, daß die Gastronomie den Frauen gänzlich verschlossen sei. Nein, es gibt Frauen, die es an Empfindlichkeit des Geschmackssinnes und gastronomischer Erfahrung mit jedem Manne aufnehmen können, und dieser Tatsache trägt die französische Sprache dadurch Rechnung, daß sie auch die Wortform *gourmande* zuläßt. Im allgemeinen jedoch besteht folgendes Wort von J. BERJANE zu Recht: »In der Gastronomie wie in der Liebe gibt es eine Initiation. Aber anders als in der Liebe, übertrifft die Frau selten ihren Meister.« Übrigens traut BRILLAT-SAVARIN gerade den Frauen eine Begabung für die Gourmandise zu, und zwar wegen der Zartheit ihrer Organe, und er meint, sie könne sie über den Verzicht auf andere, nur den Männern erlaubte Freuden trösten. In feiner und kluger Gourmandise sieht er eine Gewähr des ehelichen Glückes: »Ein Feinschmecker-Paar hat mindestens einmal am Tag Gelegenheit sich genussvoll zu vereinen.« Es gibt also zweifellos Gourmandes oder Gastrominnen – vielleicht bringt es auch manche Frau zur Gastrosophin –, aber weibliche Gourmets hat man nie und nirgends gesehen, so daß die Sprache mit Recht keine weibliche Form von GOURMET bildet. Die Gründe, weshalb es nur Gourmets gibt? Einmal die geringere Empfindlichkeit des Geschmackssinnes der Frau, sodann die Verschiedenheit des Geschmackes: die instinktive weibliche Abwehr gegen den Alkohol.

Wer und was ist nun ein Gastrosoph? Ein Gastrosoph ist ein Mann von Bildung, Geist und Kultur, der die Lebenswerte der Tafelfreude kennt und sie in den Dienst der Welt und seinen eigenen stellt. Er ist ein Weiser, der nicht ißt, um nur zu essen, sondern Speise und Trank als Mittel zur Pflege der Freundschaft, der Geselligkeit und der Liebe benützt. Immer und immer behält er die Herrschaft über das Verlangen nach Genuß; er hat die Genußmittel, sie haben nicht ihn. Der Gastrosoph allein versteht zu speisen; denn er vergeistigt die an sich tierische Handlung des Essens.

Einführung in Theorie und Lehre

Wann wird man Gastrosoph?

»Erst mit 40 Jahren wird die Frau ein Warmblüter.«
H. DE BALZAC

Niemals wird man unter den jungen Menschen einen Gastrosophen finden. Die Genüsse, die uns dieses Dasein zu bieten hat, erschließen sich in ihrer Tiefe und Weite erst dem reifen Menschen, und auch erst dann, wenn ihn Leid jeder Art, Liebesleid vor allem, geprüft und gefestigt hat. Der unvergleichliche Seelenkenner und Romangestalter H. DE BALZAC (1799 bis 1850; es hat, nebenbei gesagt, auch einen Dichter dieses Namens gegeben: J. L. GUEZ DE BALZAC, 1594 bis 1654) hat mit seiner Behauptung, die Frau werde erst mit 40 Jahren ein Warmblüter, d. h. zu echter, tiefer Liebe und vollem sexuellem Genuß fähig, eine große Wahrheit von Allgemeingültigkeit ausgesprochen. Diese Wahrheit ist einem jeden geläufig, der über Erfahrung, Takt und Potenz verfügt. Vom Manne darf man getrost das Gleiche behaupten. Soweit er sich nicht vorzeitig verausgabt hat, wird auch er erst mit vierzig ein guter und verläßlicher Liebespartner. Nicht anders als mit dem Liebesgenuß verhält es sich mit den Freuden der Tafel.

Wenn die Leidenschaften verraucht sind, öffnet der Mann seinen Keller, sagt ein altes französisches Sprichwort. Es trifft in dieser groben Fassung nicht auf die Gastrosophie zu, sondern nur auf die Übung des Lebemannes, aber es leitet uns auf die Wahrheit. Die Wahrheit nämlich, daß man vieles durchschaut und beträchtlichen Abstand von der Welt gewonnen haben muß, bevor man Speise und Trank zu würdigen und ihre vielseitigen Wirkungen und Wechselwirkungen zu begreifen vermag. Dahin möchte ich auch BRILLAT-SAVARINS Wort abändern, daß uns zuletzt die Tafelfreude bleibe, um uns über den Verlust aller übrigen Freuden zu trösten.

Trotz der Vermehrung der Arbeitslast und trotz der unerhörten Beschleunigung des Arbeitsablaufes bleiben wir länger jung, leistungs- und genußfähig als unsere unmittelbaren Vorfahren; wir verdanken das unserer ausgezeichneten Gesundheitspflege. Heutzutage steht man mit 40 Jahren auf der Höhe des Lebens, in diesem Alter ergreift und umfaßt man es am bewußtesten und nachhaltigsten[6]. Wer die Vierzig erreicht hat, versteht auch Maß zu halten; er ist im Besitz der Beherrschung, ohne die kein wahres Genießen möglich ist.

Die Gastrosophie setzt Bildung (Kultur), Verstand und Vernunft, Reife und Menschlichkeit voraus. Diese hohen Eigenschaften wollen erworben werden.

Von allen Sinnen erwacht der Geschmackssinn am frühesten; im Alter wird er nicht schwächer oder stumpfer, sondern noch feiner und empfindlicher (HYRTL). Seine Verfeinerung beginnt in den dreißiger Jahren. Im Alter erreicht er seine höchste Erfahrung, und darin zeigt sich eine wahre Vorsehung der Natur; denn Greisen und Greisinnen verbleibt ja von allen Genüssen nur der Gaumengenuß.

---

6 *Man lese meine in Gemeinschaft mit* LISA MAR *und* FRIT BAHRO *verfaßte kleine Schrift »Mit 40 Jahren immer jünger werden. Die natürlichen Verjüngungsmittel für Mann und Frau«. Mit 16 Bildern auf Kunstdruckpapier. Stuttgart, Südd. Verlagsh. G. m. b. H.*

※ *Einführung in Theorie und Lehre* ❧

Zivilisation und Kultur, Politik und Liebe und ihre Beziehungen zu Küche, Keller und Tafel

»Lebe, bis du satt geküßt!«
LESSING (»Der Tod«, 1747)

Wie Sie mir schreiben, gedenken auch Sie, teure Freundin, zuweilen des herrlichen Sommerabends der noch köstlicheren Sommernacht, die wir in der eines altberühmten Städtchens am Fuße der Vogesen miteinander verlebt haben. Ich lasse diese seligen Stunden, die mir Ihr Bild am reinsten geschenkt haben, umso lieber in meiner Erinnerung wieder aufleben, als sie die Verflechtungen zwischen Liebe und Ernährung ins Licht rücken.

Am Nachmittag jenes Tages hatten wir uns in Straßburg ein wenig gezankt, hatten geweint und gelacht und uns wieder geliebt. Sie hatten dann die Fahrt an die Vogesen vorgeschlagen, und wir hatten uns ungesäumt auf den Weg gemacht. Während der kurzen Reise schliefen Sie, die große, reife Frau, selig wie ein Kind in meinen Armen. Versöhnt und zu neuem Erleben bereit, langten wir an unserem Ziele an. Eine sonderbar beschwerliche Autofahrt führte uns in den Wald, wo wir in einem angenehmen Gasthause Unterkunft fanden.

Über den Bergen stand eine der unvergeßlichen elsässischen Abendröten, die FRIEDRICH LIENHARD (1865 bis 1929) so liebevoll beschrieben hat. Die Luft war klar und rein, und von fernen Städten und Dörfern her zog verklingendes Geläute zitternd über uns hinweg. Wir machten einen kleinen Spaziergang unter schweigenden Tannen und setzten uns dann auf einer hübschen Terrasse zu Tisch, um uns zunächst am Abendbrot zu laben.

Ich weiß gewiß, daß Sie diese Mahlzeit so wenig vergessen werden wie ich. Wir haben ja schon oft zusammen getafelt, aber gerade dieses eine Abendbrot hat sich uns unauslöschlich ins Gedächtnis gegraben. Wie immer nach erschütternden Stunden der Liebe, lechzten wir nach erlesenen Gerichten und edlem Getränk. Wir wählten, und unser Vertrauen in die vortreffliche elsässische Küche wurde nicht enttäuscht. Was wir gegessen haben, werde ich den begierigen

Leserinnen nicht anvertrauen; es muß unser Geheimnis bleiben. Ich verrate nur, daß der Speisezettel einfach und vegetarisch war. Was man uns bot, war von erster Güte und mit Sorgfalt bereitet; es verfehlte seine Wirkung auf uns nicht. Und was wir dazu tranken, war noch köstlicher, und ich darf nicht so hart sein, auch hierüber zu schweigen. Wir entschieden uns zuerst für einen roten Bordeaux und fanden ihn rühmenswert, doch was uns nachher zuteil ward, macht es mir schwer, auch nur einige seiner würdige Worte zu finden. Der herrliche Wein, mit dem wir unser schönes Abendbrot beschlossen, hat an uns verdient, daß ich seinen Namen hierher setze; das ist wie ich weiß, auch Ihre Meinung und Ihr Wille. Es war ein 1929er Riesling aus dem Clos Saint-Hune (Hunaweier). Dieser Wein war ein Gedicht, eine Symphonie, ein Traum, und seine Wirkung kam uns vor wie eine Entselbstung, ein Über-uns-selbst-Hinauswachsen in die Sternenwelt, wie eine schon ganz und gar überirdische Liebesverstreckung. Wie waren wir uns da bereits so nahe, Königin der Nacht! Aus der eben geöffneten, adelig schlanken und zartgrünen Flasche strömte uns ein wahrhaft unbeschreiblicher Duft in die Nüstern. Er hob uns in die Lüfte und tilgte den Sinn für Raum und Zeit. Dann floß das lichtgoldene Naß in die feingeschwungenen Gläser, und der himmlische Duft hüllte uns in eine unsichtbare Wolke, die uns in beseligender Zweieinsamkeit von den übrigen Gästen schied. Doch was soll ich erst vom Geschmack dieses Edelings vermelden? Ja, das war eine Blume fast ohnegleichen, eine wahre Zungen- und Gaumenweide! Als Elsaß-Lothringen wieder zu Frankreich kam, fürchtete man, für seine Weine. Der mächtige französische Wettbewerb vermochte sie jedoch nicht völlig aus dem Felde zu schlagen. Im Gegenteil: die bekannten oberelsässischen Edelgewächse – macht euch auf, Freunde, und besucht die berühmten Weinorte Hunaweier, Reichenweier und Sankt Pilt! – haben rasch die Rangleiter erklettert und sich einen wohlbegründeten Anspruch auf einen Vorzugsplatz im »Gotha[7] der Weine Frankreichs« erworben. Für diese ausnehmend blumigen, köstlichen Weine, das Ergebnis mehrerer Gärungen, werden weit

---

7 *siehe Fußnote Seite 11*

höhere Preis gezahlt als für viele sehr gute französische Nebenbuhler. Der rassige Hunaweirer versetzte uns Zunge und Gaumen in Taumel. Hätten wir ihn vor dem Bordeaux getrunken, so wären wir um diesen großen Genuß betrogen worden. Im Vergleich zu ihm erschien uns der gewiß nicht üble Bordeaux recht schal. Die Befolgung der alten Regel, daß man zuerst die geringeren Weine und zuletzt die besten trinken soll, hat sich uns aufs schönste bewährt.

Mit der liebsten Freundin zu tafeln, ist eine Wonne. Die Geliebte darf nicht eine Minute fern sein. Wie aber verhält es sich mit den Frauen, wenn sich mehrere oder viele Männer zu einem festlichen Mahle vereinen? Darüber haben die verschiedenen Zeiten sehr verschieden gedacht. Das Altertum schloß die Frauen vom Gastmahl aus, wenigstens die »ehrbaren«. Diese Gepflogenheit stand in unmittelbarem Zusammenhang mit der damaligen Entrechtung der Frau. Später hat der Brauch gewechselt. Selbst in Frankreich hat es noch vor etwa 100 Jahren eine Schule gegeben, die den Standpunkt verfocht, daß in einer gastronomischen Gesellschaft keine Frau etwas zu suchen habe; ja sogar heute noch sind vereinzelte Stimmen dieser Art laut geworden. Man mag hundertmal einwenden, daß die Frau nur selten ein gediegenes Mahl so zu genießen verstehe wie der Mann, darüber ist doch kein Zweifel mehr, daß die Damen unbedingt zur Tafelrunde gehören. Ich verweise auf BRILLAT-SAVARINS reizvolle Ausführungen *Von der Begleitung der Damen bei Tisch*. Die gegenwärtige Meinung drückt HENRY-R. CHAZEL aus: »Einem Mahle beizuwohnen zu dem nur Männer zugelassen sind, ist eine trostlose Aufgabe. Die Anmut, die Schönheit und der Duft unserer Gefährtinnen sind für die Vollkommenheit einer Geschmackssymphonie noch nötiger als die Ordnung des Tisches, die Kostbarkeit des Geschirres und der Gläser und die Pracht der Blumen samt der Kunst ihrer Züchter.«

Als wir uns von der Tafel erhoben, befanden wir uns in einer unbeschreiblichen beschwingten Stimmung. Unser Gespräch hatte sich in erhebenden Bahnen bewegt und das Wort des feinen alten RIVAROL (1753 bis 1801) erhärtet, daß die Wurzeln des Geistes im Magen liegen; auch M. DES OMBIAUX recht gegeben, der da sagt, sie seien ferner in den Schmeckbechern des Mundes verborgen (»... und wenn der Geist spürt, dass sie ihm den stärkenden Saft bringen, findet er Begriffe, welche die vom Koch oder Gastgeber harmonisch gefügten Geschmäcker gefühlvollst wiedergeben.«). Wir waren durchaus nicht trunken, sind doch Maß und Beherrschung die obersten Eigenschaften des echten Gastrosophen, aber wir standen unter den anregenden Wirkungen der köstlichen Weine und noch ganz unter dem Eindruck der erlesenen Speisen. So völlig losgelöst von der Schwere des Alltags, begannen wir das Liebesfest, das auf solche Gaumengenüße folgen mußte.

Wie oft schon haben Sie, Brennende Liebe, gesagt und wiederholt, daß die schöne Lehre unseres verehrten TH.H. VAN DE VELDE nur die Anfangsgründe der Liebeskunst vorstellt. Über sie hinaus gibt es noch ganz andere Beglückungsarten. Das wissen wohl wenige so gut wie Sie, meine Freundin. Wer freilich im Essen und Trinken nicht über Plattheiten hinaufzusteigen vermag, wird auch im Liebesspiel ewig ein Stümper bleiben. Zwischen der Tafel und der Liebe bestehen ganz enge Zusammenhänge. Das so banal klingende Wort, daß die Liebe durch den Magen gehe (»Durch das Herz angelt man sich einen Mann, durch den Magen hält man ihn.«), ist eine zeitlose Wahrheit. J.-J. ROUSSEAU (1712 bis 1778) hielt es bei der dummen und zänkischen LE VASSEUR nur darum 35 Jahre aus, weil sie eine gute Köchin war. Die Fruchtbarkeit hängt in hohem Grade von der Ernährungsweise ab. Bei Konservenkost und Mangel an frischen Nahrungsmitteln (vor allem Obst und Gemüse) verkümmern die Keimdrüsen, und es tritt Unfruchtbarkeit ein. Bekannt ist der Kinderreichtum der fischessenden Bevölkerungen, d. h. der Küstenbewohner. Den Handlungen der Liebe ist im allgemeinen nur ein gesättigter Mensch zugänglich, und je besser er gegessen und getrunken hat, desto mehr wird ihn die Umarmung locken, und um so inbrünstiger wird er sich ihr hingeben. Der feine Geschmack, mit dem er Speise und Trank wählt, umfaßt ganz selbstverständlich auch alles was die Liebesgenüsse angeht. Ihm sagt nicht jedes beliebige Geschöpf als Partnerin zu, er trifft eine scharfe Auslese. Kleinigkeiten geben da den Ausschlag. Wenn sich aber zwei Gleichgerichtete und Ebenbürtige zusammenfinden, dann sprühen Funken schon bei der Begegnung der Augen, bereits bei der Witterung der Ausdünstung des andern, und wenn sie erst miteinander getafelt haben, dann hat die Stunde unsagbarer Liebesfreude geschlagen. Der Gastrosoph kennt den Einfluß gewisser Nahrungsmittel und Getränke auf die Regungen des Geschlechtstriebes. Von der Trüffel beispielsweise sagt BRILLAT-SAVARIN: »Sie macht die Frauen zarter und die Männer liebenswerter.« Derartiges wissen wir auch vom Fisch, den Schalentieren, dem Ei (Kaviar!), dem Käse, dem Spargel, dem Sellerie, der Rübe, dem Rettich und dem Lauch. Die Liebestränke *(Philtra)* des Altertums enthielten fast alle Spargel. Liebeshelfer sind ferner manche Gewürze: der Pfeffer, die Vanille, der Zimt. Vom Wein behaupten die Alkoholfeinde, er verleite durch Aufhebung der sittlichen Hemmungen zu sexuellen Ausschweifungen. Nun, ich habe mich hier nicht mit der Frage zu befassen, ob Besoffenheit alle Schranken der Erziehung und des Gewissens bricht; es muß genügen, daß ich zum wiederholten Male erkläre: der Gastrosoph frißt nicht unbeherrscht und bedudelt sich auch nicht. Er sucht nicht die Schwere, sondern die Güte der Genußmittel. Der Gastrosoph macht bei der anregenden, erheiternden Wirkung des Weines halt; zur lähmenden läßt er es gar nicht kommen. Und diese antreibende Wirkung greift auch auf den Liebestrieb über. Guter Wein in mäßigen Gaben erzeugt eine schöne Bereitschaft zur Umarmung und schadet auch der Potenz nicht, sondern hilft ihr eher auf die Sprünge. Als das beste und würdigste Getränk der Liebenden gilt vielen der schäumende Wein, der Champagner. Es ist wahr: er liebt die Nacht und die Frauen. Nach alter französischer Volksanschauung erregt er die Frau und bewirkt beim Manne das Gegenteil – eine Behauptung, die der Berichtigung bedarf, daß er selbstverständlich auch den Mann erregt, lediglich nicht so sichtbar wie die Frau, weil beim männlichen Geschlecht die Gewöhnung an die Alkoholwirkungen viel stärker ist als beim weiblichen. Leider ist der Champagner mehr und mehr zum Bordell-, Tanz- und Knutschdielengesöff erniedrigt worden und hat dadurch an Ansehen verloren. Diese Entwürdigung braucht uns allerdings nicht davon abzuhalten, ihn als schönes Stimmungsmittel zu gebrauchen, und in der Tat kann er manchem Schäferstündchen einen Reiz mehr verleihen. Sehr oft jedoch wird ein edler alter, nichtschäumender Wein mehr geben: etwa ein Château d'Yquem, ein Château Latour, ein Romanée, ein Chablis, ein Châteauneuf du Pape, ein Château Lafite, ein Chambertin, ein Haut-Brion. Gewisse italienische Weine in Ehren! – und der Capri und die Lacryma Christi sind von guten Eltern und keine Schlappschwänze –, aber in Stunden der Liebe ist nur ein französischer Wein möglich. Gewöhnlich ist der Wein um so besser, je älter er ist, manchmal sind jedoch auch letzte Jahrgänge bereits hervorragend. Während die Frauen von einem gewissen (heute recht hoch anzusetzenden) Alter an weniger gefallen, verhält es sich mit dem Weine umgekehrt, wie schon der Dichter PIERRE DE RONSARD (1524 bis 1585) so hübsch beschrieben hat. Genug: vereint schaffen schmackhafte, kitzelweckende Speise, treffliches Getränk und nicht zuletzt warmes Gespräch den der Liebesraserei förderlichen Körper- und Seelenzustand. Es kommt doch nicht von ungefähr, daß sich in französischen Familien von Mutter auf Tochter und Enkelin alterprobte Rezepte leckerer Gerichte vererben, die das Erkalten des Ehemannes oder Liebhabers verhüten sollen und es tatsächlich auch tun.

Zwischen dem Essen und Trinken und der Liebe besteht die Übereinstimmung, daß der Mund den Genuß einleitet. Kein Organ pflegt der Mensch so eifrig, keines hält er so sauber wie den Mund. Zum Essen und Trinken ist nicht bloß Hunger, sondern auch Appetit nötig. Der Appetit ist ein Organgefühl des Mundes, ist Kitzel, Schmecklust und Schlingenwollen. Ihn wecken und unterhalten wir durch hübsches Aussehen, feinen Geruch und ausgesuchten Geschmack unserer Speisen und Getränke. Selbst beim Alkohol kommt es uns nicht in erster Linie auf die Fern- und Endwirkung, d. h. die Alkoholisierung an, die sich erst zeigt, wenn die Aufsaugung im Darm stattgefunden hat, sondern auf die Mundwirkung: den Wohlgeschmack. Der Kenner schüttelt den Wein erst und riecht an ihm, um sein Aroma zu prüfen. Dann nimmt er einen Schluck in den Mund und bewegt ihn am Gaumen und Zahnfleisch hin und her; so kommt er seinem Geschmack auf die Spur. Endlich verschluckt er den Wein langsam und lernt dabei seinen Nachgeschmack kennen. Mit Likören verfährt er anders. Er läßt erst einige Tropfen unter die Zunge fallen, schließt die Augen und verhält sich ein Weilchen ganz ruhig; mit einem Male tritt starke Speichelbildung ein, und er wird des Geschmackes seines Likörs inne. Die überragende Bedeutung und Wichtigkeit der Mundverpflegung, d. h. des Genusses beim Essen und Trinken wird leider noch ganz verkannt; daher auch der geringe Erfolg der vegetarischen Apostel, die nur den Hunger stillen wollen und alle Genußmittel beschimpfen. Eine Art Appetit ist nun auch das Liebesverlangen. Auf die Frau wenigstens trifft dieser Vergleich zu. Wie beim Essen und Trinken Fremdkörper, eben die Speisen und Getränke, in das Hohlorgan Mund eingeführt werden, so beim Liebesgenuß ein Fremdkörper in ein Hohlorgan. Die Begattungslust ist Kitzel der Geschlechtsorgane. Zutreffend schreibt SPINOZA (1632 bis 1677): »Die Liebe ist geradezu ein Kitzel.«. Nicht umsonst heißt das Wollustorgan am Eingang des weiblichen Geschlechtsapparates Kitzler. Beiden Geschlechtern ist das Verlangen nach dem Kusse eigen. In *Le mariage forcé (Die erzwungene Heirat)* von MOLIÈRE spricht der alte SGANARELLE von den »appetitlichen Lippen« der jungen DORIMÈNE: »Vos lèvres appétisantes«. Der Kuß, das erste Zeichen der sexuellen Hingabe, ist ein Genießen des Mundes des andern; Liebe macht erfinderisch, daher kommen alle von ganzer Seele und mit Feuer Liebenden auf den Zungenkuß. Es gibt gewiß auch keinen schöneren Becher als den Mund der oder des Geliebten. Ich darf hier an eine Stelle in NOVALIS' Fragmenten erinnern, die mir recht gibt: »Das Essen ist akzentuiertes Leben. Essen, Trinken und Atmen entspricht der dreifachen Abteilung der Körper in feste, flüssige und luftige. Der ganze Körper atmet, nur die Lippen essen und trinken. Gerade das Organ, das in mannigfachen Tönen das wieder aussendet, was der Geist bereitet und durch die übrigen Sinne empfangen hat. Die Lippen sind für die Geselligkeit so viel: wie sehr verdienen sie den Kuß!« Und wie nahe es vom Kuß zur Beiwohnung ist, sagt uns W. STERNBERG, dem wir tiefe Aufschlüsse über das Nahrungsbedürfnis (d. h. die Bedeutung des Appetits und des Hungers und die Fragen des Genusses) verdanken: »Die Berührung des Mundes zum Kuß erregt den *appeti-*

tus coeundi[8], ebenso wie im umgekehrten Sinne der *appetitus coeundi* die Neigung zur Berührung des Mundes erregt.«

Es bleibt der Zukunft vorbehalten, durch eingehende wissenschaftliche Forschung die Physiologie der Mundhöhle im einzelnen zu enthüllen. Der durch den Mund gehende Zusammenhang zwischen Essen und Liebe ist uns aber schon heute klar. Ist es, um etwas ganz Augenfälliges ins Treffen zu führen, nicht bezeichnend, daß nur der menschliche Mund mit einer reichen und vielseitigen Muskulatur ausgestattet ist? Nicht einmal bei den menschenähnlichen Affen besitzt das Maul auch nur annähernd eine so mannigfaltige Muskelversorgung wie der Mund des Menschen, und bei den übrigen Tieren ist diese Muskulatur höchst einfach. Das Tier vermag mit seinen Lippen nur das Futter zu ergreifen und eine Grimasse zu ziehen, der schwer anzusehen ist, ob sie Freude oder Leid ausdrückt. Der menschliche Mund hingegen ist in das Gesicht eingegliedert, und diese ganze reiche Muskulatur steht – in viel höherem Maße als alle übrigen Muskeln des Körpers – unter dem Einfluß der seelischen Regungen. Wie vielerlei drückt nicht bloß das Gesicht, sondern schon allein der Mund aus, und was können wir nicht alles mit dem Munde ausführen! Genug, der Mund ist ein noch lange nicht in seiner ganzen Wichtigkeit erkanntes Organ. Zwischen dem Munde und den Geschlechtswerkzeugen bestehen Wechselwirkungen und -beziehungen, aber auch zwischen ihm und den Verdauungsorganen. Bei der Ernährung kommt es in erster Linie auf die Mundwirkung, d. h. den Gaumengenuß an. Der Mund ist für das Essen wie für die Liebe gleich wichtig.[9]

Auf die Zusammenhänge zwischen Essen und Liebe weisen auch mancherlei volkstümliche Redewendungen hin. Ich nenne nur einen Ausdruck: anbeißen. Wenn man sagen hört, einer wolle nicht anbei-

---

8 *Anm. d. Red.: Verlangen, sich zu vereinigen*

9 *Bereits in meiner kleinen Schrift »Schlemme ohne Fleisch!« habe ich darauf hingewiesen, daß den Geschmacksknospen des Mundes die Wollustkörperchen der Geschlechtsorgane entsprechen.*

Mit Bildern. Stuttgart, Südd. Verlagshau G. m. b. H.

ßen, dann weiß man sogleich, daß damit ausgedrückt werden soll, er gehe auf die Werbungsversuche einer ihn begehrenden Frau nicht ein.

Nach vollkommener Tafelfreude sind wir den Ekstasen der Liebe zugänglich wie zu keiner anderen Zeit. Bisweilen erfaßt Sie, meine Freundin, die Erinnerung auch an diese Nacht – keine von allen wird je in Vergessenheit geraten –, und dann wissen Sie stets die Verzückungen, die uns durchfluteten, mit heißen Worten wieder wachzurufen. Es steht nicht alles in den Büchern der Liebeskunst, was uns diese Nacht geschenkt hat. Ich darf die Briefe der edlen HÉLOISE (1101 bis 1164) an ABÉLARD (1079 bis 1142) nennen, um es anderen nahezubringen: »Ich aber würde nicht im geringsten zögern, auf Deinen Befehl hin Dir voranzugehen oder zu folgen, wenn Du zu vulkanischen Stätten eilst. Nicht nämlich bei mir war mein Geist, sondern bei Dir. Aber auch jetzt ganz besonders: wenn er nicht bei Dir ist, ist er nirgends. Denn wahrlich: ohne Dich kann er gar nicht sein.« Die Äbtissin schreckt selbst vor deutlichsten Ausdrücken nicht zurück: »Solange wir die Freuden der erregten Liebe genießen und, um ein unanständigeres aber ausdrücklicheres Wort zu benutzen, uns der Unzucht hingeben...«

NIETZSCHES Behauptung, alle Speisen trügen irgendeine Offenbarung in sich, wird kaum ein Gastrosoph widersprechen, aber wer hat noch Spürnase genug, um die Speisen an der Haut und den Körperöffnungen der Geliebten zu wittern und so eine noch weit hinreißendere Offenbarung zu erleben? Ohne die Beteiligung der Nase verliert die Liebe viel. Wir haben uns dort mit allen Sinnen besessen – wie schon andere Male und an anderen Orten. Solche Liebesfeiern wirken fort und lassen die Neigung niemals erkalten.

Ein leuchtender Morgen begrüßte uns und warf Sonne auf unsern Rückweg nach Straßburg, wo sich nach einem einfachen, aber angenehmen Imbiß unsere Wege für dieses Mal trennten.

In ähnlicher Weise wie die Liebe, steht die Politik in einem engen Abhängigkeitsverhältnis zum Gaumengenuß. Sie wird mit Vorliebe bei Tisch gemacht. Der berühmte Kanzelredner BOSSUET (1627 bis 1704) hat uns die Verse hinterlassen:»Alles geht in diesem Jahrhundert beim Essen, und es sind die Abendessen, mit denen man die Menschen regiert.« Mit der Küche meint er, müsse man, wenn sie auch ohne tiefere Bedeutung für die Masse sei, doch die Fürsten, die Diplomaten und die Staatsmänner, ferner die Ärzte vertraut machen. Der General JUNOT (1771 bis 1813), Herzog von Abrantès, wurde von NAPOLEON I deshalb zum Gouverneur von Paris ernannt, weil er den besten Koch jener Zeit sein eigen nannte: RÉCHAUD, nach dem der Tellerwärmer benannt ist. Die Tafel des Gouverneurs war sehr geschätzt, und die fremden Diplomaten, darunter METTERNICH (1773 bis 1859), stritten sich um die Einladungen. Nach Tisch pflegte der Hausherr den Gästen die Geheimnisse ihrer Regierung zu entlocken. Als zur Zeit des Friedens von Amiens Kardinal-Erzbischof DE PRADT als Vertreter Frankreichs nach London geschickt wurde, schärfte ihm NAPOLEON ein:»Halten Sie vor allem gute Tafel und seien Sie aufmerksam gegen die Frauen!« Nach der Schlacht von Waterloo lag Frankreich am Boden, aber es gewann noch den ersten Platz auf dem Wiener Kongreß, zwar nicht bloß durch die Gewandtheit seines Diplomaten TALLEYRAND (1754 bis 1838), sondern auch durch die Kunst des Koches CARÊME (1784 bis 1833), der die versammelten Staatsmänner durch die französische Küche gefangen nahm. Im Augenblick der Abreise nach Wien hatte TALLEYRAND seinem König, LUDWIG XVIII, die beruhigende Versicherung gegeben:»Mögen Eure Majestät mir gerne glauben, dass ich eher Töpfe als schriftliche Anweisungen benötige.« Der Staatsmann und Geschichtsforscher F. GUIZOT (1787 bis 1874) hat bekannt, während seiner Tätigkeit als französischer Gesandter in London habe ihm der Koch größere Dienste geleistet als die Sekretäre. Ebenso weiß man, daß 1871 POUYER-QUERTIER (1820 bis 1891) mehr durch seine Weinkenntnis als durch diplomatische Schachzüge von BISMARCK Vorteile für Frankreich erlangt hat. BEAUMARCHAIS (1732 bis 1799) hat gegen die Zeitgewalten eine VOLTAIRE-Gesamtausgabe durchgesetzt, und zwar dadurch, daß er dem ABBÉ DE CALONNE, dem Bruder des Ministers DE CALONNE, erlesene Diners gab. Unser Zeitgenosse ALI-BAB (der Pariser Arzt H. BAGINSKI) schreibt in seinem schönen Werke *La Gastronomie pratique* völlig zutreffend: »Der kostbarste Mitarbeiter eines gescheiten Diplomaten ist ein feiner Koch«, und der namhafte Koch F. FOUCOU sagt: »Ein gutes Mahl tut mehr für den Weltfrieden als die glänzendsten Reden.« Wie recht haben sie beide! Ich gehe noch weiter und behaupte, daß die Geschichte der Zivilisation wie auch der Kultur gleichen Schritt hält mit der Geschichte der Tafel. Der erste Kochtopf hat das erste Heim geboren und so den Grund zur menschlichen Gesellschaft gelegt. Wenn der Naturforscher DUMONT D'URVILLE (1780 bis 1842) zu Negerstämmen kam, die er noch nicht kannte, pflegte er zuallererst die Küchen zu besehen, um den Entwicklungsgrad des Volkes zu erkennen; es wäre reizvoll, darüber auch L. FROBENIUS zu hören. Solange der Mensch nur Sammler und Rohköstler war, blieb er auf einer niedrigen Stufe des Seins stehen. Die Entdeckung des Feuers und die Änderung der Kost ließen ihn aufsteigen, und zwar vor allem durch das Mittel der Gemeinschaftsbildung. Der Grundsatz gegenseitiger Hilfe setzte sich durch, und das gemeinsame Speisen kam auf. Alle anderen Fortschritte ergaben sich dann von selbst, d.h. mit Zwang. Die Tafel eines Volkes läßt tatsächlich einen Schluß auf seine Kultur und nicht bloß auf seine Zivilisation zu. Gerade die Tafelfreude hat mit zur Vergeistigung des Menschen beigetragen, und umgekehrt vergeistigt der kultivierte Mensch die Tafelfreude immer mehr. »Wer die Tafelfreude nicht vergeistigt, ist kein wahrer Gastronom« und »Die Tafelfreude ist die vergeistigte Freude am Essen«, sagt M. DES OMBIAUX. Er betont auch, daß die Gastrosophie nur entfernt mit der nüchternen Stillung des Hungers zu tun hat, jedenfalls nicht mehr als die göttliche Sprache des CORNEILLE mit dem rauhen Schrei des Höhlenmenschen; daß man sogar nicht einmal immer Appetit zu haben braucht, um sich durch das Wohlsein, die Befriedigung und das Vergnügen gewinnen zu lassen, die man bei Tafel empfindet, wo alles getan ist, um unsere Sinne, unsern Geist und unser Herz zu entzücken. Die Tafel hat die edlen Triebe und Neigungen des Menschen zur Blüte gebracht. Wie

BRILLAT-SAVARIN so schön schreibt, finden wir bei Tafel »alle Früchte der aufs höchste gesteigerten Geselligkeit: die Liebe, die Freundschaft, das Geschäft, die Spekulation, die Macht, die Bewerbung, die Gönnerschaft, den Ehrgeiz und die Intrige, und daher kommt es, daß die Tischgenossenschaft an alles rührt.«

Auf dem Gastmahl des PLATO lehrte SOKRATES (468 bis 400 oder 399 v. Chr.) Weisheit. HORAZ pflegte seine Freunde in Tibor (heute Tivoli) zu empfangen und bei erlesener Bewirtung leuchteten ihre Gaben. Die berühmten Soupers von AUTEUIL gaben MOLIÈRE (1622 bis 1673) und RACINE (1639 bis 1699) Gelegenheit, ihren Geist sprühen zu lassen. FRIEDRICH D. GR. (1712 bis 1786) hatte eine berühmte Tafelrunde, zu deren Zierden VOLTAIRE (1694 bis 1778) gehörte. VAUVENARGUES' (1715 bis 1747) Wort: »Die großen Gedanken kommen aus dem Magen« bedarf keines Beweises mehr. Ohne die Tafel wären wir Wilde geblieben, ohne sie wäre die Politik weit zügelloser, ohne sie wäre die Liebe arm. Die Gastronomie ist daher nicht etwa nur die sechste oder neunte Kunst, sondern, wie RABELAIS (zwischen 1483 und 1500 bis 1553) verkündet hat, die erste aller Künste, und es ist ein schönes Ziel, sie zur Gastrosophie zu erheben.

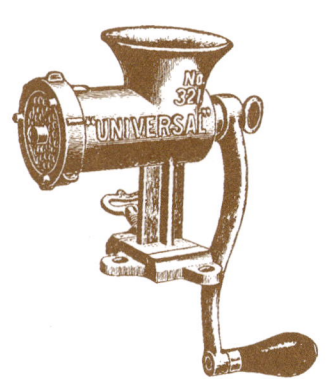

Einführung in Theorie und Lehre

Nahrungsbedarf und Nahrungsbedürfnis

*»Nicht der Stoffwechsel ist das Grundproblem,
sondern die Mundverpflegung.«*
W. STERNBERG

Viele Unberufene suchen uns heute über »richtige« und »gesunde« Ernährung zu belehren. Den Mangel an Kenntnissen auf diesem ungeheuer verwickelten und Dilettanten überhaupt unzugänglichen Gebiete ersetzen sie durch ein erschreckendes Maß von Überhebung, Voreingenommenheit und Fanatismus. Das Fleisch ist schädlich, der Alkohol ist schädlich, der Kaffee ist schädlich, der Tee ist schädlich, die Gewürze sind schädlich, so erzählen sie. Damit nicht genug, verschreien viele von ihnen auch das Ei, die Milch, den Käse. Manche wettern selbst gegen Kartoffel, wieder andere gegen die Tomate. Einige kämpfen gegen alles Geröstete. Samt und sonders wittern sie auf jedem Tisch ganz furchtbare »Gifte«. Unverdrossen rühren sie die Werbetrommel für eine »naturgemäße« Kost, die möglichst nur Wasser, Obst, Nüsse und Gemüse zuläßt und auch bloß in roher Form. Diese Apostel schimpfen mächtig auf die Zivilisation und empfehlen »Rückkehr zur Natur«. Für sie gilt allein der Gesichtspunkt der Nützlichkeit, sie verbieten jeden Genuß. Sie essen und trinken lediglich aus Zwang: um ihren Körper in Betrieb zu erhalten. Im Appetit erblicken sie etwas Krankhaftes, ja Teuflisches, nur den Hunger erkennen sie an. Sie sind also Todfeinde jedweder Tafelfreude und bringen für die Gastrosophie nur Haß auf. Sie sagen der Menschheit für den Fall, daß sie ihre Ratschläge nicht befolge, den Untergang voraus.

Zu allen Zeiten hat es Propheten dieses Schlages geben, nur sind sie heute infolge der uferlosen Popularisierung und daher Verflachung und Entstellung aller Wissensgebiete zahlreicher denn je. PYTHAGORAS (6. Jahrh. v. Chr.) versuchte nur von Honig zu leben. ZENO, der Schöpfer des Stoizismus (Ende des 4. Jahrh. v. Chr,), aß sich niemals satt und beschränkte sich auf Rohes. Die Philosophen ANCHI-

MOLOS und MOSCHUS verzehrten möglichst nur Feigen und kannten kein anderes Getränk als Wasser. Der römische Kaiser DESIDERIUS JULIANUS wollte sich einzig von Hülsenfrüchten ernähren. Diese Reihe ließe sich endlos fortsetzen.

Während ich diese Zeilen schreibe, lese ich in M. BIRCHER-BENNERS' Arbeit *Der Menschenseele Not, Erkrankung und Gesundung* an einer Stelle, die von der Masturbation handelt, folgenden Satz: »Welches ist nun die schädlichere Art der Selbstbefriedigung, der Lustgewinn am Genitale oder derjenige am Mund-Darm?« Dieser um die Vergesundheitlichung der Volksernährung so verdiente Arzt bezeichnet also den Gaumengenuß als eine Art Masturbation! Nach seiner Überzeugung ist die am Munde vollzogene »Selbstbefriedigung« viel schädlicher als die an den Geschlechtsorganen stattfindende.

Zu keiner Zeit haben die Enthaltsamkeitsprediger Nennenswertes, erreicht. Und woher ihr Mißerfolg? Weil sie alle übersehen, daß der Mensch nicht allein einen objektiven Nahrungsbedarf, sondern auch ein subjektives Nahrungsbedürfnis hat; weil sie die Notwendigkeit des Genusses verkennen und den Eßkünstler mit dem Eßgierigen, dem Fresser, verwechseln.

Wer immer seine Umgebung beobachtet, weiß aus Erfahrung, daß viele Menschen vom Arzt verbotene Speisen essen, und nicht etwa aus Widerspruchsgeist, sondern weil sie ihnen schmecken. Die gleichen Menschen empfinden vor der anbefohlenen Diät Abscheu und Ekel. Ebenso kann man immer wieder sehen, daß sehr verständige Menschen lediglich des Wohlgeschmackes wegen sogar Gerichte verzehren und Getränke zu sich nehmen, von denen sie genau wissen, daß sie ihnen schaden können. Wie erklären sich diese Tatsachen? Höchst einfach! Der Mensch will bei Tisch nicht bloß seinen Hunger und Durst stillen, sondern auch Genuß empfinden. Ja, überhaupt kein Genuß wird so stark begehrt und so oft absichtlich ausgespielt wie der Gaumengenuß; keiner wirkt so unmittelbar wie er. Einzig und allein der Liebesgenuß kann einen Vergleich mit ihm aushalten, doch bei näherem Zusehen erweist er sich als äußerst abhängig von ihm. Was wir essen und trinken, soll uns nicht nur am Leben erhalten, es soll uns auch munden, d.h. gut schmecken; »Unter einer Billion Menschen«, sagt der amerikanische Psychologe JAMES, »denkt beim Mittagessen nicht ein einziger an die etwaige Nützlichkeit dieser Mahlzeit.« Der arglose Mensch ißt, weil es ihm schmeckt, und indem er das tut, handelt er instinktiv. Die instinktiven Handlungen aber werden deshalb vollzogen, weil wir im Augenblick der Handlung das Gefühl haben, das einzig Richtige und Natürliche zu tun. Nach dem Warum instinktiver Handlungen fragt der gelassene Mensch nicht; dazu bedarf es nach G. BERKELEY (1684 bis 1753) schon eines »verführten Geistes«, der sich angewöhnt hat, im Natürlichen Probleme zu sehen. Es kommt uns also, solange wir noch nicht einem Sektenprogramm verschrieben sind, beim Essen einzig auf den Wohlgeschmack an. Und in der Tat bewährt sich auf die Länge nur die Nahrung, die auch den Geschmackssinn befriedigt; die an sich einwandfreieste Kost taugt gar nichts, wenn sie sich nicht auch durch Wohlgeschmack auszeichnet. Obendrein ist schmackhafte Kost der Motilität des Magens, d. h. der Eröffnung des Magenmundes und des Magenausganges (Pförtners) besonders förderlich und auch von verstärkendem Einfluß auf die austreibenden Bewegungen des Darmes.

Wie ist es nur möglich, daß die Berechtigung des Genußbedürfnisses überhaupt in Frage gestellt werden kann? Das Altertum hat über diese Notwendigkeit besser Bescheid gewußt als unsere Gelehrten. Zahlreiche Stellen bei PLATO (429 bis 347 v. Chr.), ARISTO-

TELES (384 bis 322 v. Chr.), HORAZ (64 bis 8 v. Chr.), PLUTARCH (zwischen 45 und 50 bis gegen 125 n. Chr.) und anderen legen Zeugnis davon ab. Im Mittelalter (1474) bekundet PLATINA durch sein Werk *De honesta voluptate et valetudine*, d. h. *Von der ehrbaren Wollust und der Gesundheit*, daß das wichtige Wissen noch nicht verloren gegangen ist. Auch noch DESCARTES (1596 bis 1650) und SPINOZA (1632 bis 1677) haben es besessen und sich deutlich in seinem Sinne geäußert. Erst unseren von Nährwert und Kalorien besessenen und einseitig den Stoffwechsel erforschenden Vätern ist es in die Brüche gegangen – sehr zu unserem Schaden, vor allem aber zum Nachteil unserer Kranken.

Der Geschmackssinn hat seinen Sitz im Munde und bedient sich zur Meldung seiner Wünsche des Appetits. Das Wesen und die Bedeutung des Appetits haben abgelebte Zeiten besser gekannt als wir, deren wissenschaftliche Berater nur den Hunger sehen, also über dem objektiven Nahrungsbedarf das subjektive Nahrungsbedürfnis vergessen. Die Kenntnis der Unterschiede zwischen Appetit und Hunger ist lebenswichtig. Nach CICERO (106 bis 43 v. Chr.), SENECA (2 bis 66 n. Chr.) und HOBBES (1588 bis 1679) fällt der Appetit unter den Begriff der *protai hormai* (erste Impulse, erste Triebe), der *primi impetus*[10] oder *primi conatus*[11]. Er ist also ein Instinkt, mithin angeboren und zur Erhaltung der Art bestimmt. Und wenn wir ihn näher betrachten, erkennen wir, daß er Gefühl und Bewegung ist, nämlich ein Muskelgefühl und eine Muskelbewegung: Kitzel (griech. *erethismos*, Reizung, Erregung, lat. *titillatio*) Schmecklust und Schlingenwollen[12]. GALENOS (131 bis 210 n. Chr.) sagt: »Der Appetit ist der Wunsch und das Verlangen nach Speise und Trank.«. Noch viel frü-

---

10 Anm. d. Red.: *erster Andrang / Ansturm / Drang / Trieb / Schwung*

11 Anm. d. Red.: *erster Versuch, erstes Wagnis*

12 *Das Hauptwort Appetit leitet sich von dem lateinischen Hauptwort appetitus (appetitio, appetentia) ab. Das lat. Zeitwort appetere (griech. peptesthai) bedeutet zu einem Orte hingehen. Vom gleichen Stamme kommt das lat. Hauptwort impetus, der Angriff. Mithin meint appetitus (appetitio, appetentia) das Angreifen, das Auf-ein-Ziel-Losgehen. Im Griechischen heißt der Appetit orexis. Dieses Hauptwort entspricht dem Zeitwort oregein (oregnysthai): strecken, sich entgegenstrecken.*

her als er schreibt ARISTOTELES »Je begehrlicher das Tier, desto größer sein Bewegungsdrang.« und »immer bewegt die Begehrlichkeit«. Der Appetit ist nicht Saftabsonderung, wie J. P. PAWLOW lehrt, sondern Bewegung im Raume, eben Schlingenwollen, das Vorstadium des Schluckens und der wurmförmigen Bewegung des Darmes: eine Verrichtung der Mundhöhle. Er ist eine gerichtete Bewegung und genau so wie der Harn- und Stuhldrang mechanisch zu erklären. Als räumlicher, dreidimensionaler Vorgang ist er demnach eine geometrische Größe, man kann aber auch sagen: eine polare. Mit der Verdauung hat der Appetit zunächst gar nichts zu tun, also auch nichts mit dem Stoffwechsel an sich; er bezieht sich nur auf den Genuß, den man beim Essen und Trinken haben kann, geht also lediglich die Mundverpflegung an. Guter Appetit ist ein Beweis von Gesundheit. Umgekehrt ist bei fast allen Erkrankungen der Appetit beeinträchtigt, die größere oder geringere Appetitlosigkeit ist häufig das erste, ja mitunter das einzige Zeichen einer beginnenden Erkrankung. Wiedererwachen des Appetits ist eine der ersten Äußerungen der Genesung; das Verhalten des Appetits kann daher dem Arzte die Voraussage stellen helfen, wie nach PLUTARCH schon der Arzt MNESITHEUS unterstrichen hat. Der Appetit zielt auf das Qualitative ab und ist unabhängig vom Hunger. »Man kann Hunger empfinden, ohne Appetit zu haben, ebenso wie man Appetit haben kann, ohne Hunger zu leiden« (W. STERNBERG). Wir lesen bei PLUTARCH: »Hémeis d'hé órexis zétein didáskei kai diókein to ekleipon tés kráseos.«, d. h. »Der Appetit lehrt uns, das aufzusuchen und zu verfolgen, was in unserer Mischung fehlt.« In der Tat verlangt der Appetit ganz bestimmte Speisen und Getränke. Dabei leitet er gar nicht schlecht, er wählt in der Regel das, was wir gerade brauchen.

Die Voraussetzung des Appetits ist der Wohlgeschmack der Speisen und Getränke. Der Geschmack verhält sich zum Appetit wie der Schlüssel zum Schloß. Ohne Wohlgeschmack läßt sich der Appetit überhaupt nicht wachhalten. Bereits Geschmackloses beeinträchtigt ihn, und Schlechtschmeckendes läßt ihn in Appetitlosigkeit oder Widerwillen und Ekel umschlagen. Nun ist die Schmackhaftigkeit etwas verhältnismäßig Subjektives, und daraus folgt, daß der Appetit

– das subjektive Nahrungsbedürfnis – durchaus unberechenbar ist. Die Aufgabe der Küche besteht darin, ihn nicht ersterben zu lassen, sondern ihn ständig neu anzuregen. Anders ausgedrückt, heißt das, daß es weniger auf die Nahrungsmittel selbst als auf ihre Zubereitung ankommt. Man darf nämlich den wichtigen Umstand nicht übersehen, daß man selbst bei stärkstem Hunger nicht essen kann, falls der Appetit nicht angefacht oder gar beleidigt wird, d. h. wenn die Speisen nicht hübsch aussehen, nach gar nichts schmecken oder etwa schlecht riechen. Um die wichtige Appetitfrage kommt man nicht herum. Der Appetit ist ja auch den Tieren gegeben. Er ist die Kraft, der sie nach gewisser Zeit auf die Muttermilch verzichten und feste Nahrung begehren macht. Die Tierzüchter und Jäger kennen den Appetit der Tiere und wenden sich mit den Lockspeisen an ihn. Bei den höheren Tieren lassen sich schon viele individuelle Appetitverschiedenheiten beobachten.

Bei den meisten Krankheitszuständen ist, wie schon gesagt, der Appetit verringert. Was tun aber die Ärzte? Sie quälen die Kranken mit unschmackhaften Diätformen, anstatt den darniederliegenden Appetit durch wohlschmeckende Speisen und Getränke neu zu beleben. Ist ihnen wirklich ganz entgangen, daß der Geschmackssinn des Kranken noch viel feiner ist als der des Gesunden? Durchweg hassen die Kranken den Arzt, der ihnen nur fade Kost zu verordnen weiß. Stände die Ernährungstherapie des Durchschnittsarztes nicht so tief, so wäre es ihm durchaus möglich, eine wohlschmeckende und trotzdem nicht schädliche – ich sage sogar: gerade deswegen heilsame – Diät zu verschreiben. Der Gipfel jedoch ist das lächerliche Unterfangen, dem Appetit durch Arzneien aufhelfen zu wollen. Nicht eine einzige allopathische Arznei kann Appetit herbeiführen, sondern jede verdirbt ihn. Der alte PLUTARCH hätte das besser gewußt als die stolzen Mediziner des 20. Jahrhunderts: »Wie wir, wenn wir krank sind, nicht durch als Medikamente verabreichte Mehlspeisen angeekelt sein wollen.«

Einführung in Theorie und Lehre

Völlig verschieden vom Appetit ist der Hunger. Der Appetit ist ein Organgefühl des Mundes, der Hunger eines des Magens und aller Zellen. Wie der Appetit Gaumenkitzel ist, so der Hunger Magenkitzel: »pruritus stomachi« nennt ihn W. STERNBERG mit Recht. Während aber der Appetit wählerisch ist und sich auf ganz bestimmte Speisen richtet, ist der Hunger wahllos und stellt nur das allgemeine Verlangen nach Nahrung vor. Er ist eine arithmetische Größe. Ich brauche mich über ihn nicht weiter auszulassen, da wir es in diesem Buche einzig und allein mit dem Appetit und seiner Befriedigung zu tun haben.

Wir haben gesehen, daß es bei der Ernährung erst in zweiter Linie auf den Nährwert ankommt. An erster Stelle steht die Schmackhaftigkeit, also die Mundverpflegung (griech. *eustomia*). Wer das nicht innehat und die Wege der Schmackhaftgestaltung unserer Kost nicht kennt, darf nicht von Kochkunst reden, wie ihm schon HORAZ bescheinigt:

> *Dass in der Gastmahlskunst nicht jeglicher thue, wie Meister,*
> *Eh er genug eindrang in die feinere Regel des Wohlschmacks!*
> (Übersetzung von JOHANN HEINRICH VOSS, 1822)

Mit dem Wohlgeschmack allein ist jedoch noch nicht alles getan. Daß das Wohlschmeckende gut riecht, versteht sich von selbst. Des weiteren wollen wir unseren Tastsinn zufriedengestellt sehen: die Nahrung muß dem Gaumen Widerstand bieten, sie darf nicht zu weich sein. Aus diesem Grunde sind Brötchen und Kuchen mit harten Auflagerungen (Rippen, Sträußel) und kohlensäurehaltige Getränke, deren Bläschen auf die Mundschleimhaut aufprallen, so beliebt. Deswegen bevorzugen die Raubtiere lebende, zappelnde Beute, deswegen verzehren die Pflanzenfresser so gerne spitzige Zweige (Akazie, Distel). Weiche, breiige Nahrung verleidet uns bald. Kein Körperteil kann in der Feinheit der Tastempfindung mit dem Munde – der Zunge namentlich – wetteifern. Die Tastempfindung ist der physikalische, der eigentliche Geschmack der chemische Anteil des Geschmackssinnes.

Nicht zuletzt wünscht sich das Auge an Speise und Trank zu erfreuen: an der gedeckten Tafel. Dieses Bedürfnis nach ästhetischem Genuß bei der Nahrungsaufnahme wird noch am ehesten verstanden.

Oft lehrt nur noch die Sprache den wahren Zusammenhang der Dinge. So z.B. ist höchst beachtenswert, daß das lateinische Zeitwort *sapere*, schmecken, mit dem griechischen Eigenschaftswort *sophos*, d.h. weise stammverwandt ist. Das lat. Eigenschaftswort *sapidus* heißt schmackhaft, aber auch klug. CICERO gebraucht viel die Wendung *nihil sapere* und will damit ausdrücken: dumm sein. Die Weisheit heißt *sapientia*. In dieser Beleuchtung erhält das Wort Gastrosoph eine ganz besondere Tiefe.

Moderne Ernährungshygiene

»Es ist eine Schande für die Menschen, dass sie derart viele Krankheiten haben. Ihre Unmäßigkeit verwandelt die Elemente, die dazu bestimmt sind, das Leben zu erhalten, in tödliche Gifte.«

M. E. DE MONTAIGNE

Die Wissenschaft vom Stoffwechsel und den Ernährungsbedingungen unseres Organismus hat in den letzten zwei bis drei Jahrzehnten eine beinahe unfaßbare Bereicherung an Einzeltatsachen sowohl als auch an Überblick erfahren. Eine zusammenfassende Darstellung des Gesamtwissens habe ich in meinem Werke *Kunst und Wissenschaft des Essens*[13] gegeben. Das Allerwichtigste daraus sei hier in kurzen Sätzen wiedergegeben.

Alles Belebte verzehrt (verbrennt) sich selbst und bedarf daher der Wiederauffüllung. Die Wiederauffüllung geschieht durch die Ernährung. Wir führen uns körperfremde Stoffe zu, und der Organismus verwandelt sie in körpereigene. Wir brauchen – um nur die Hauptsache zu nennen – Wasser, Eiweiß, Fett, Lipoide, Kohlehydrate (Stärke, Zucker), Holzfaser, Extraktivstoffe, Fermente, Mineralstoffe und Ergänzungsstoffe (Kompletine, unrichtig Vitamine genannt). Von diese Stoffen ist das Eiweiß Baustoff, die übrigen sind Betriebsstoffe; in gewissem Umfange sind auch das Fett, die Lipoide und die Mineralstoffe Bausteine. Die Betriebsmittel liefern durch Verbrennung Wärme und Energie; vertretungsweise (aber nicht zweckmäßig) kann auch das Eiweiß als Betriebsstoff in Tätigkeit treten. Wir können uns die nötigen Baustoffe und Betriebsmittel durch tierische und durch pflanzliche Nahrungsmittel zuführen. Die neuere Forschung hat zweifelsfrei ergeben, daß eine Kost um so zuträglicher ist, je weniger tierische Erzeugnisse in ihr vorkommen, doch unter der Voraussetzung, daß sämtliche Nahrungsmittel, auch die pflanzlichen, in einem bestimmten Mengenverhältnis zueinander stehen und nicht durch sinnwidrige Zubereitung entwertet sind.

---

13 2 Bände, 1928 und 1930. Otto Reichl Verlag, Darmstadt. Band 3 *[zum Zeitpunkt des Erscheinens, Anm. d. Red.]* in Vorbereitung.

Es wird heute allzuviel von Vitaminen geredet und großes Gewicht auf vitaminreiche Nahrung gelegt. Es kommt gar nicht bloß auf die fälschlich Vitamine genannten Ergänzungsstoffe oder Kompletine an, sondern einzig und allein darauf, daß die Nahrungsmittel in ihrer natürlichen Beschaffenheit möglichst unversehrt bleiben. Die Ergänzungsstoffe sind gar nichts ohne die Mineralstoffe, namentlich ohne einen Überschuß von basischen Mineralstoffen, und umgekehrt. Sämtliche Nahrungsbestandteile sind in ihren Verrichtungen voneinander abhängig, sie brauchen sich gegenseitig. Unser Organismus ist also auf möglichst unveränderte Nahrungsmittel angewiesen. Anders ausgedrückt, bedeutet das, daß alles Sieden, Aufheben, Konservieren, Kastrieren und Schönen (Schleifen, Polieren, Färben, Raffinieren) vom Übel ist. Das Nahrungsmittel soll frisch und möglichst wenig bearbeitet auf den Tisch kommen. Diese Feststellung darf aber nicht so ausgelegt werden, als wären wir am besten Rohköstler. Die Wahrheit liegt wesentlich anders.

Das Feuer ist eine verhältnismäßig junge Entdeckung der Menschheit. Unnennbare Geschlechter haben von Rohkost gelebt: teils von pflanzlicher, teils von gemischter. Aber daß diese ausschließliche Rohkost eine besonders begehrenswerte Nahrung gewesen sein müsse, wenigstens in geschmacklicher Hinsicht, wird hoffentlich niemand unterstellen wollen. Denn nicht allein ist damals die Nahrungsmittelwahl sehr beschränkt gewesen, sondern erst und gerade das Feuer hat uns Verfeinerung (im besten Sinne) unserer Kost ermöglicht. Gewiß, die Wissenschaft hat gefunden und nachgewiesen, daß Erhitzen wichtigste Nahrungsbestandteile und -wirkungen schädigt und vernichtet, aber dieser Vorwurf trifft mit voller Schwere nur das Sieden (Abkochen in Wasser) und die langdauernden Erhitzungsmaßnahmen. Im praktischen Teile dieses Buches habe ich gezeigt, daß das Kochen im höheren Sinne gar nichts mit dem Sieden gemein hat. Das Kochen, wie es der Gastrosoph übt, schädigt die Nahrungswerte kaum, bedeutet aber einen ungeheuren geschmacklichen Gewinn. Gleichwohl werden wir keineswegs nur Gekochtes essen; wir werden stets einen Teil unserer Nahrung in roher Form auf den Tisch bringen. Gerade das Neben- und Miteinander von Rohem und Gekochtem erhält den Appetit rege und bewahrt die Gesundheit. Nebenbei gesagt, ist alle Stärke roh gar nicht verdaulich und verwertbar; daher müssen wir alle Nahrungsmittel, die zur Hauptsache aus Stärke bestehen (jedes Getreide und die Kartoffel), erst durch Erhitzen in eine verdauliche und verwertbare Form bringen. Die »Frischköstlerei«, die sich heute breit macht, entbehrt jeglicher Begründung. Der Gastrosoph lehnt sie schon als Geschmacksverirrung ab, von anderen Einwänden zu schweigen.

Von der Eiweißüberschätzung früherer Jahrzehnte sind wir dank den großen Fortschritten der Biologie (Wissenschaft vom Leben) abgekommen. Wohl ist das Eiweiß der wichtigste Nahrungsstoff, weil er der Körperbaustein ist, aber wir bedürfen seiner in viel geringeren Mengen, als man früher angenommen hat. Diese Erkenntnis hat vor allem die Überschätzung des Fleisches zu Fall gebracht. Das Fleisch ist von seiner Vormachtstellung ferner durch die Feststellung gestürzt worden, daß das Milcheiweiß, das Kartoffeleiweiß und das Eiweiß der grünen Blätter und der Nüsse, außerdem das des Eies dem Fleischeiweiß gleichwertig ist. Minderwertiges und daher ergänzungsbedürftiges Eiweiß finden wir nur im Obste, dem Getreide (Brot!) und den Hülsenfrüchten (mit Ausnahme der Sojabohne und der Erdnuß, die hochwertiges führen; außerdem kommen die ganz jungen Hülsenfrüchte alle den grünen Blättern gleich).

Groß ist auch die Bedeutung der Mineralstoffe; an ihr Vorhandensein ist der Ablauf der Lebensverrichtungen gebunden. Vielfach sitzen sie in den Schalen, so in der Kleie; daher sollen verstümmelte Nahrungsmittel gemieden werden, und aus diesem Grunde verdient das Vollkornbrot den Vorrang vor dem Weißbrot. Die Forschung hat gefunden, daß wir mehr basische als säuernde Mineralstoffe nötig haben, also mehr Kalk, Kalium, Magnesium usw. als Phosphor, Schwefel usw. Die säuernden bilden Rückstände und leisten bei dauerndem Übermaß Stoffwechselerkrankungen (Gicht, Fettsucht, Zuckerkrankheit) Vorschub, die basischen hingegen binden solche Schlacken (auch die in kernhaltigen Eiweißarten enthaltenen Purine: die Vorstufe der Harnsäure); nur bei Basenüberschuß erfüllen die Ergänzungsstoffe ihre Aufgaben vollständig, und bei Basenüberschuß kommen wir auch mit weniger Eiweiß aus als bei Säureüberschuß. Basenüberschüssig sind das Obst, die Blattgemüse, die Wurzeln und Knollen (Kartoffel), die jungen Hülsenfrüchte (aber nicht die alten, die einzige Ausnahme bildet die Sojabohne), die Milch und der Honig; säureüberschüssig das Fleisch (nur das Blut ist basenüberschüssig), das Ei, der Käse, das Getreide (Brot!) und die Nüsse. Man muß sich merken, daß Absieden die Basenbildner auslaugt. Wir bleiben am gesündesten, schönsten und leistungsfähigsten bei einer Kost, in der viel frisches Obst, Salate und Rohgemüse vorkommen, die mäßig von Milch und Milchabkömmlingen Gebrauch macht, die Kartoffel den Getreideerzeugnissen vorzieht und mit Fleisch und Eiern sparsam verfährt. Diese Beköstigungsordnung beugt ja auch durch ihren Holzfaserreichtum der hirnverdumpfenden und lebensverkürzenden Stuhlverstopfung vor.

Die Genußmittel – also die Gewürze, der Alkohol, der Kaffee, der Tee und die Schokolade – müssen sich viele Verleumdungen nachsagen lassen. Sie sind aber gar nicht die Missetäter, die ihre Feinde aus ihnen machen wollen. »Was mich nicht umwirft, macht mich stärker«, sagt NIETZSCHE, und FRIEDRICH D. GR.: »Die wahre Philosophie, meine ich, besteht darin, den Mißbrauch zu verdammen, ohne den Gebrauch zu untersagen; man muß alles entbehren können aber auf nichts verzichten.« Ein Mensch mit normalen Hemmungen mißbraucht kein Genußmittel, die Süchtigen aber sind von vornherein krank gewesen. Dieser Kranken wegen den Gesunden beispielsweise den Alkohol zu entziehen, wäre ein starkes Stück. Ebensowenig sind die Schwächlinge, die nichts vertragen, etwa befugt, den Starken die Genußmittel zu entziehen. Ich berufe mich auf NIETZSCHES Wort von dem zurückgewandten Blick der Mißgeborenen und von der Verschwörung der Leidenden gegen die Wohlgeratenen und Siegreichen. Die Genußmittel schaden bei weisem Gebrauche nicht, sondern helfen uns körperlich und geistig hinauf. Ohne sie hätte es die großen Denker, Künstler, Erfinder und Forscher nie gegeben, ohne sie wäre die Welt öde und arm geblieben. Viele Meister der Sprache haben den Wein und den Kaffee verherrlicht, und den Preis des Tees, der in Japan kult- und kulturschaffend gewirkt hat, finden wir bei

Einführung in Theorie und Lehre

KAKUZO OKAKURA geschrieben. Obendrein begehren wir die Genußmittel gar nicht so sehr um ihrer Wirkungen auf das Nervenleben und den Stoffwechsel willen, vielmehr wegen ihres Wohlgeschmackes, also ihrer Mundwirkung zuliebe. Diesen wichtigen Punkt übersehen die grundsätzlichen Alkoholfeinde und ähnlichen Verneiner.

Der Gastrosoph treibt selbstverständlich gründliche und vielseitige Körperpflege. Auch die Leibesübungen sind ein Genuß. Ein Beispiel: Springe bei Mondschein in langem Salto von hoher Klippe ins Meer und schwimme weit hinaus. Du ruderst in dunklem Wasser, aber deine Hände schleudern flüssiges Gold. Oder stürme in dunkler Nacht und bei hohem Wellengang ins Weite. Du wirst dich an der eigenen Kraft berauschen.

Alte Gastronomie und neue Gastrosophie

»Erfahrung und Vernunft«
PARACELSUS

Wir können nicht bei der Gastronomie, der Eßkkunst früherer Geschlechter, stehenbleiben, sondern müssen unter Nutzung des wissenschaftlichen Fortschrittes weiterschreiten zur Gastrosophie, der Weisheit des Essens. Wir besitzen viel genauere Kenntnisse der Nahrungswirkungen als unsere Vorfahren. Sie haben mancherlei für gut und richtig gehalten, was heute als Irrtum erwiesen ist. Der Fortschritt betrifft in erster Linie die Bewertung des Fleisches und die der rohen Pflanzenkost. Das Fleisch ist in unserer Schätzung sehr gesunken, und die rohe Pflanzenkost ist als mächtiger Gesundheitsschützer erkannt worden. Die klassischen Gastronomen haben auch noch keine Konserven und erst recht keine künstlichen Nahrungsmittel gekannt; vor diesem Unheil muß heute gewarnt werden. Der Gastrosoph baut das Bewährte der Gastronomie mit Weisheit und gediegenem naturwissenschaftlichen Wissen zu etwas Neuem und Höherem um.

Die Eroberung aller Geheimnisse des Mineralstoffwechsels (Basenlehre) setzt uns namentlich instand, die Gicht zu verhüten, überhaupt alle Schädigungen durch Harnsäureaufhäufung. Das ist ein ungeheurer Gewinn. Man vergegenwärtige sich doch, wie viele Gastronomen der Vergangenheit Gichtiker gewesen sind! Gicht braucht ja durchaus nicht durch Unmäßigkeit bedingt zu sein, vielmehr bringt naturwidrige Zusammensetzung der Nahrung (Basenarmut) das Übel auf den Plan.

Hier muß aber noch zur Ehre des tüchtigen BRILLAT-SAVARIN gesagt werden, daß er schon eine vortreffliche Hygiene gelehrt hat. Er ist kein Freund der Arzneimittel gewesen, sondern hat ständig den Heilwert der natürlichen Nahrungsmittel betont. Er hat unterstrichen, daß das Wasser der einzige wirkliche Durststiller ist, und daß man es gerade deshalb nur in kleinen Mengen zu sich nehmen darf. Er hat auch den Wert des Obstes nicht verkannt. Fehlgegriffen hat er in der Überschätzung des Fleisches.

Einführung in Theorie und Lehre

Gott schmaust in Frankreich

» ... als wie die Schnäbel von Paris.«
aus *»Die Ballade der Pariser Frauen«* von FRANÇOIS VILLON

In einem vorausgehenden Kapitel habe ich geschildert, wie die hohe Kochkunst von Florenz nach Frankreich gekommen ist und wie Frankreich dieses Erbe nicht allein treu bewahrt, sondern auch zur schönsten Gipfelung gebracht hat.

Frankreich, dieses wahrhaft gesegnete, weil vom Klima begünstigte und an herrlichen Nahrungs- und Genußmitteln überreiche Land, und seine mit feiner Zunge und blitzendem Geist begabten Bewohner boten alle Vorbedingungen glücklicher Weiterbildung und Ausgestaltung der florentinischen Gastronomie. Man muß sich endlich eingestehen, daß wir jegliche hohe Kochkunst, die Erziehung zum Tafelgenuß und alle Weisheit des Essens den lateinischen Völkern verdanken. Diese Erkenntnis sollte, da nun einmal jede Liebe letzten Endes durch den Magen geht, zur Völkerversöhnung beitragen. Ein bekanntes französisches Wort behauptet: »Das größte Schmollen verzeiht vor einem gutem Mahl.«, ein anderes: »Keine Morde während eines guten Essens.«. Lernt darum bei und von den Franzosen essen und trinken, und ihr werdet sie besser verstehen, ja sie lieben lernen!

Die vielgebrauchte Redewendung »Leben wie Gott in Frankreich« ist zutiefst berechtigt und begründet. Auf Frankreichs Boden reifen köstliche Gaben aller Art, und dort wachsen auch die Hände, die diese herrlichen Geschenke der Natur zu unbeschreiblichen Mählern zu verarbeiten wissen. In Frankreich ist vor allem der feine und geübte Geschmack zu Hause. Das sagenhafte Schlaraffenland kann nirgends als in Frankreich gelegen haben. HENRI RANOUX glaubt es in den alten Provinzen Périgord, Haut-Quercy und Bas-Limousin gefunden zu haben. Ich erinnere auch an DE BÉRANGERS' *Voyage au pays de Cocagne (Reise in die Cocagne).*

Wer Frankreich wirklich kennt – ich meine damit nur den, der sich nicht bloß in einigen Pariser Nepplokalen oder in Massenbeherbungs- und -abfütterungsstätten der Riviera herumgetrieben, sondern jahrelang in Frankreich gelebt und seine Küche an den unverfälschten Quellen studiert hat –, wer also Frankreich erlebt hat und etwas von seinem Pulsschlag in sich bewahrt, der weiß, daß einzig der Franzose zu dinieren versteht. Am schönsten bekommt man das im Privathause – bei Freunden – zu sehen. Wohl gehen jetzt auch in Frankreich viele Ehepaare zum Essen regelmäßig aus, aber im großen und ganzen ist nach wie vor fast jede Französin eine treffliche Köchin. Ferner gibt es drüben Restaurants für Gourmands: Gaststätten, die kaum etwas zu wünschen übrig lassen. Ich nenne die »Rôtisserie Périgourdine« des berühmten ROUZIER an der Place Saint-Michel und »Le Berry« auf den Champs-Elysées in Paris. Zu allem Überfluß hat der wachsende Automobilverkehr die einstigen Auberges und Hostelleries an den Landstraßen zu neuem Dasein erweckt, und die Mehrzahl dieser Häuser führt einen hervorragenden Tisch.

Jede Landschaft in Frankreich pflegt ihre eigene Küche, so daß der reisende Gastrosoph im Bereiche der blau-weiß-roten Grenzpfähle des Entzückens kein Ende findet. In Paris aber sehen wir nicht allein alle diese Küchen, sondern auch sämtliche Küchen der Welt vereinigt. Wer Vergleiche anstellen will, kann es nirgends leichter ausführen als in der Lichtstadt.

Ja, Gott schmaust in Frankreich, und deshalb fällt jedem, der einmal darin warm geworden ist, der Abschied von diesem Lande so schwer. P.-J. DE BÉRANGER läßt MARIA STUART sagen:

> *»Adieu, bezauberndes Frankreich,*
> *das ich so lieben muss,*
> *Wiege meiner glücklichen Kindheit,*
> *Adieu, dich zu verlassen, ist sterben!«*

Auf die Gastrosophie bezogen, ist diese Klage erst recht wahr.

❦ *Einführung in Theorie und Lehre* ❦

Berechtigung und Notwendigkeit des Komforts und des Luxus

»Die Bestimmung des Menschen geht nicht im Nützlichen auf. Streicht das Schöne und seinen Kult aus dem Leben weg, und ihr werdet bald erfahren, daß die Erde nur noch ein Schweinestall.«
JOHANNES SCHERR

Nach einem verlorenen Kriege ist man nicht reicher als vorher, und den großen Krieg haben sämtliche Teilnehmer verloren, auch die scheinbaren Sieger. Daher herrscht in den wichtigsten Ländern Europas drückende Not, und es ist nur zu begreiflich, daß allenthalben Sparsamkeit und Einfachheit gepredigt werden. Aber darf es deswegen gar keinen Komfort und keinerlei Luxus – mit Absicht gebrauche ich hier die Fremdwörter – mehr geben?

Der abendländische Mensch ist nicht für die Bedürfnislosigkeit nach buddhistischem Muster geschaffen. Solange er in unserem Lebenskreise verbleibt, muß er um sein Dasein kämpfen. Da ihn aber dieses Ringen, dieses Sich-behaupten-Müssen ermüdet und verstimmt, bedarf er eines Gegengewichtes, und das findet er im weisen Gebrauche der Genüsse, die uns offenstehen, in einer gewissen Behaglichkeit, in größerer oder geringerer Verfeinerung der Lebenshaltung – im Komfort und im Luxus. In vermehrtem Maße bedürfen alle künstlerischen Naturen dieses Ausgleiches; sie erstarren und verblühen in nüchterner, unbehaglicher Umgebung, aus der ihnen die Not entgegenstarrt.

Über den Komfort will ich mich nicht weiter auslassen, da seine Berechtigung und Notwendigkeit nur selten bestritten wird, und mich ausschließlich mit dem Luxus befassen. Was ist überhaupt Luxus? Ich antworte mit J. E. PORITZKY *(Imago mundi)*: »Alles ist Luxus, was über das rein tierische Bedürfnis hinausgeht.« Er betont mit Recht, daß die Geschichte des Luxus die Geschichte des Fortschritts ist. Unzählige Dinge, die wir heute als höchst selbstverständlich betrachten, galten verflossenen Zeiten als unerhörter Luxus: das Taschentuch, die Gabel, die Uhr, die Eisenbahn, die Seide, das

Gas, die Elektrizität, das Automobil. Geradeso verhält es sich mit vielen Nahrungs- und mit den meisten Genußmitteln: ich nenne die Kartoffel, die Tomate, die Südfrüchte, den Kaffee und Tabak. Alle diese Mittel zur Erhöhung des Lebensgefühls hat uns die vielgelästerte Zivilisation verschafft, und sie haben sich unserer Kultur eingefügt. Wenn nun etwa gegen die feine Tafel des Gastrosophen geeifert wird, können wir mit gutem Recht entgegnen, daß auch dieser Luxus berechtigt und notwendig ist, schafft er doch ein besonders schönes Band zwischen den Menschen.

Der Gastrosoph hat ein gutes Gewissen. Was er tut, ist wohlbegründet. Darum kann er seine Widersacher nur als Barbaren behandeln. Luxus und Kultur bedingen sich gegenseitig; es ist mithin Unkultur oder Barbarei, gegen den Luxus anzurennen und ihn als überflüssig abtun zu wollen. Der Luxus ist »der verkörperte Gewinn des Lebenskampfes«, man kämpft heute eingestandenermaßen um den Luxus (J. E. PORITZKY). Wir dürfen uns hier ein schönes Wort zu eigen machen, das G. FLAUBERT (1821 bis 1880) in einem seiner wundervollen Briefe an LOUISE COLET schreibt: »Axiom: Das Überflüssige ist das dringendste der Bedürfnisse.«

Nicht einmal unsozial ist der Luxus. Man muß ihn sehr scharf unterscheiden vom Protzentum der Emporkömmlinge, die immer unkultiviert sind. Der kultivierte Mensch ist sich zwar bewußt, daß die Mehrheit immer in den Niederungen bleiben wird, und hält darum auf Abstand, doch der sozialen Gefühle bar ist er trotzdem nicht. Er erkennt einem jeden Menschen sein Recht auf ein würdiges und lebenswertes Dasein zu und sieht in der allgemeinen Steigerung der Ansprüche eine natürliche Erscheinung. Nicht allein gibt der Luxus zahlreichen Menschen Arbeit und Brot, sondern er verallgemeinert sich auch, soweit er der Masse überhaupt geistig zugänglich ist.

Übrigens kennt gerade der Gastrosoph magere Zeiten. Er führt nicht Tag für Tag große Tafel. Genau wie andere Menschen hat er Werktage, Feiern und Feste, wenn auch sein Tisch stets gepflegter ist als die schale Hausmannskost.

Seit alters hat die Gastronomie jedwedes Protzentum verworfen. Sie lehnt vor allem die »cuisine d'apparat[14]«, d. h. das Prunken mit Erstlingserzeugnissen und phantastischen Speisenbauten ab. Es kommt ja nicht auf die Seltenheit oder gar Seltsamkeit des Gebotenen an, sondern einzig auf seine Güte. Alle Snobs und Précieux[15] schließen sich daher selber aus dem Reiche der Gastrosophie aus.

14 siehe Fußnote Seite 9

15 Anm. d. Red.: meint hier Affektierte

Praktische gastrosophische Unterweisungen

Die Voraussetzungen

*»Die Ansprüche an die Gastronomie sind selten gerechtfertigt.
Eine Würdigung, wie wenn eine Ratatouille das Kochen und
Unkenntnis die Kunst wiedergeben würde.«*

J. BAINVILLE

Wer meine Ratschläge und Anleitungen mit Erfolg in die Tat umsetzen will, darf kein Anfänger in der Küche sein. Ich setze also von Beginn an voraus, daß er bereits eine anständige Mahlzeit zu bereiten versteht und mit küchentechnischen Handgriffen und Kunststücken vertraut ist.

In der Küche des Gastrosophen werden nur frische Nahrungsmittel verwendet. Wie W. STERNBERG ganz zutreffend sagt, sind die Nahrungsmittel lebende Wesen von äußerst zarter Organisation und höchst feiner Konstitution. Sie bedürfen der Behandlung, Erziehung und Pflege, sie leiden an Schwachheiten, Krankheiten und Altersschwäche (Beispiel: der Wein) – es gibt eine Physiologie, eine Pathologie und eine Therapie der Nahrungsmittel. Schon bevor sich der chemische (stereogeometrische) Aufbau eines Nahrungsmittels etwa durch Lagern ändert – Lipoide können schwinden, Ergänzungsstoffe zugrunde gehen, Fermente in Bewegung geraten und die Zusammensetzung weitgehend ändern –, vermag die Schmackhaftigkeit in hohem Maße zu leiden. Die Geruchs- und Geschmacksstoffe sind sehr flüchtig. Wer daher nicht grundsätzlich nur Frisches verwendet, kann keine gute Tafel führen.[16]

Es versteht sich ferner von selbst, daß er ein reinlicher und ehrlicher Koch sein muß. Die Pflicht untadeliger Sauberkeit muß ihm in Fleisch und Blut übergegangen sein, und er darf niemals auch nur den kleinsten Betrug versuchen: etwa altes oder verdorbenes Zeug in eine Speise hineinzugaunern oder ein verpfuschtes Gericht gleißnerisch zu maskieren.

---

16 Vgl. die Ausführungen über Aufgewärmtes auf S. 53

Die Bücher, die heute, mit und ohne weibliche Mitarbeit, von Ärzten über Ernährung geschrieben werden, können dem Gastrosophen nicht genügen, da sie durch die Bank die Geschmacksfrage vernachlässigen, nicht zu reden davon, daß keiner dieser Ärzte selber an den Herd zu treten vermag, also alle rein theoretisch und daher ganz unzutreffend zum Volke sprechen. Diesem Mangel will ich zu meinem Teil abzuhelfen versuchen. Ich ergänze die Ernährungsphysiologie durch die Sinnesphysiologie, d.h. ich mache den Wohlgeschmack zur obersten Richtschnur der Beköstigung.

Wer der schönen und liebenswerten Übung folgt, häufig Gäste bei sich zu sehen, muß unbedingt eine feine und erfahrene Zunge haben und seine Ehre darein setzen, seinen Freundinnen und Freunden stets nur das Herrlichste vorzusetzen. Bloße, sture Abfütterung ist eine Beleidigung der Geladenen und eine Selbsterniedrigung des Gastgebers. In einem jeden, der eines Sinnes mit diesem Buche ist, müssen die Aphorismen 18 und 20 Meisters BRILLAT-SAVARIN leben: »Celui qui reçoit ses amis et ne donne aucun soin personnel au repas qui leur est préparé, n'est pas digne d'avoir des amis« und »Convier quelqu'un, c'est se charger de son bonheur pendant tout le temps qu'il est sous notre toit«, d.h. »Wer seine Freunde zu Tisch bittet, sich aber nicht höchsteigen um das Gastmahl kümmert, ist nicht wert, Freunde zu haben« und »Einen zu Gast laden, bedeutet zugleich, daß wir die ganze Zeit, die er unter unserem Dache zubringt, für sein Wohlsein zu sorgen bereit sind.«

Praktische gastrosophische Unterweisungen

Vom Kochen

Ich habe schon früher ausgeführt, daß die Rohkostbestrebungen und -bewegungen, die seit einigen Jahren die allgemeine Aufmerksamkeit auf sich zu lenken versuchen, vielfach alles Maß überschreiten. Ein wenig Rohkost ist nützlich und sogar notwendig, aber alles Mehr ist (wo immer keine Kur beabsichtigt wird) gewiß ganz überflüssig.

Nur ausschließliche Kochkost ist schädlich. Dazu kommt, daß unsere Kost durch die Zuhilfenahme des Feuers geschmacklich ungeheuer gewinnen kann und teilweise (nicht durchweg) auch leichter verdaulich und besser verwertbar wird. Allerdings meine ich nicht das stupide kleinbürgerliche Sieden. Über das Sieden sind die Akten tatsächlich geschlossen: es entwertet und verdirbt die Nahrungsmittel in unerhörter und verhängnisvoller Weise. Darum Schluß mit dem Abkochen in Wasser; laßt es uns auf die Fälle beschränken, in denen es unvermeidlich oder ausnahmsweise nicht vom Übel ist. Nein, wir meinen hier das Schmälzen, Dünsten und Schmoren, das Dämpfen und das Rösten, Braten und Backen. Diese Art der Nahrungsbereitung, die von feinen Kräutern, edeln Gewürzen und guten Fetten Gebrauch macht, stammt aus dem alten Rom und ist uns durch die Klosterküchen überliefert worden. Während das Sieden eine rein mechanische Tätigkeit ist, die jedem gelingt, darf sich das Kochen im höheren Sinne – eben das Schmälzen, Dünsten und Schmoren, das Dämpfen und das Rösten, Braten und Backen – als Kunst betrachten. Diese Kunst ergibt sich einzig dem Begabten, jedoch auch ihm nur unter der Bedingung, daß er es nicht an Fleiß fehlen läßt. Besonders schwer ist das Braten, sehr schwer die Bereitung von Tunken. Nicht umsonst erklärt BRILLAT-SAVARIN: »Man vermag sich zum Koch auszubilden, aber man wird als Bratkünstler geboren.«, und DE CUSSY weiß zu berichten: »Man bildet sich zum Koch aus, man kann auch das Braten lernen, aber man wird als Tunkenmacher geboren.« Auf alle Fälle ist das Kochen in dem Sinne, den es in diesem Buche hat, eine Fertigkeit, der wir gar nicht genug Ehre erweisen können und die niemals als abgeschlossen betrachtet werden darf, sondern rastlos weitergebildet werden muß. Der Gastrosoph erblickt denn auch in der Entdeckung des Feuers keinen »Bubenstreich des Teufels«, wie fanatische Prediger eines neuen »Naturmenschentums« und ähnliche Zivilisationsfeinde sie zu nennen lieben, sondern ein wundervolles Geschenk der Götter.

Leider wissen nur noch wenige, daß viele Gerichte auf Holzfeuer am besten ausfallen. Kohlenfeuer ist am ungünstigsten, man soll den Kohlen wenigstens Holz beimengen. Gas und Elektrizität sind nicht übel, sie haben den Vorzug, daß sich die Hitze fein abstufen läßt.

Aufgewärmtes läßt weder die Gastrosophie noch auch die Ernährungshygiene zu. Aufwärmen verdirbt nicht allein den Wohlgeschmack (BRILLAT-SAVARIN: »Ein Essen aufzuwärmen ist niemals etwas wert.«), sondern schädigt auch den biologischen (lebenschaftlichen) Wert der Speisen. Schon der Sprachgebrauch läßt erkennen, daß Aufwärmen den Genuß verringert; in vielen Sprachen ist aufgewärmt gleichbedeutend mit abgeschmackt und dumm.

Irdene Kochgefäße sind allen anderen vorzuziehen; es gibt jetzt sehr schöne, feuerfeste Stücke. Auch feuerfeste Gefäße sind zu empfehlen. Gegen Eisen und bleifreies Email läßt sich ebenfalls nichts einwenden. Aluminium ist allen Schauermärchen zum Trotz kein Krebsförderer.

Mit voller Absicht habe ich in meinen Rezepten allzu genaue Gewichts- und Zeitangaben vermieden. Der Gastrosoph verabscheut die Pedanterie der landläufigen Kochbücher. Nicht auf kleinliche Angaben kommt es an, sondern auf die Kunstfertigkeit und die Erfahrung. Wenn ich der eigenen Überlegung und Lernbegierde des Lesers keinen Spielraum ließe, hätte ich das Wort Gastrosophie nie in den Mund nehmen dürfen.

Praktische gastrosophische Unterweisungen

Vom Mischen

Die Küche erzielt ihre Haupterfolge und -wirkungen durch Mischung der verschiedenen Geschmacksqualitäten oder Schmeckstoffe: durch Polyphonien, durch die Komposition. Die Schmeckbecher in unserem Munde lieben nicht den Reingeschmack, sondern den Beigeschmack und die Geschmacksmischungen. Schon ARISTOTELES (384 bis 322 v. Chr.) und andere durch besonderes Wissen ausgezeichnete Leuchten des Altertums haben diese Tatsachen festgelegt.

Man muß sich beim Studium dieser Frage zu allererst darüber klar werden, daß es sich nicht um die chemische Verbindung handelt, sondern um die mechanische Vermischung verschiedener Schmeckstoffe. Die Schmeckstoffe können und sollen sich also nur geschmacklich ergänzen oder abschwächen, aber nicht chemisch.

Die Sinnesqualitäten des Geschmackes sind Süß, Bitter, Sauer und Salzig. Sie zerfallen in die zwei Gegensatzpaare Süß und Bitter, Süß und Sauer. Diese Geschmacksgegensätze verhalten sich zueinander wie die Komplementärfarben. Die Mischungen von Süß und Bitter und von Süß und Sauer sind sehr angenehm. Gewisse Geschmäcke vertragen sich miteinander, andere nicht. Die Geschmacksergänzungen können wir mit den Interferenzen der Akustik vergleichen. Vom Bitteren muß man wissen, daß es nur in ganz kleinen Gaben als wohltuend empfunden wird; große Gaben erregen Ekel.

Das Zeitwort kochen kommt vielleicht von dem griechischen *kykkân*, das mit dem lateinischen *miscere*, nämlich mischen, gleichbedeutend ist. Dafür spricht auch eine Stelle bei GALENOS (131 bis 210 n. Chr.), der nach HYPOKRATES (etwa 460 bis 377 v. Chr.) der größte Arzt des Altertums war: »Das Kochen ist das Mischen und die Saftbereitung – vergleichbar mit dem Brodeln der Nahrung im Magen und in den Eingeweiden – zur Verteilung, wenn die Zubereitung fertig ist.« Demnach wären (kunstvolles, sachverständiges) Mischen und Kochen eins.

Auch die Speisenfolge und das Nacheinander der begleitenden Weine fällt unter den Begriff und die Regeln des Mischens. Die Gerichte und die Weine müssen ebenso fein aufeinander abgestimmt sein wie die Bestandteile der Speisen.[17]

Für das Mischen muß man unbedingt große Begabung mitbringen. Es läßt sich auch in beträchtlichem Umfange erlernen, und das Erlernte kann durch lange Erfahrung befestigt werden.

---

17 Über Mischgetränke habe ich eine besondere Schrift geschrieben: »Fest- und Stimmungsgetränke mit und ohne Alkohol. Pünsche, Cocktails, Cups und Bowlen. Mit einer Anleitung zum Mixen.« Mit Bildern. Stuttgart, Südd. Verlagshaus G. m. b. H.

Vom Würzen

Die wahre Kochkunst, von der wir oben gesprochen haben, kann der Gewürze nicht entraten. Planmäßiger, weiser Gebrauch von Gewürzen ist ein Zeichen echter Kultur. Die Gewürzfeindschaft gewisser Fanatiker, die das Genußbedürfnis verkennen, betrachtet der Gastrosoph mit Fug und Recht als Barbarei.

Es gilt als hausgemacht, daß die Gewürze den Geschmack der Nahrungsmittel nur heben oder abschwächen, aber niemals verdecken dürfen. Daß es Sudelküchen gibt, die das Würzen dazu benützen, Verdorbenes wieder genießbar erscheinen zu lassen, will ich hier nicht weiter berühren, aber es ist z. B. doch Tatsache, daß man im 14. und den folgenden Jahrhunderten ganz unmäßig würzte, wie u. a. aus dem im 14. Jahrhundert erschienenen *Ménagier de Paris* hervorgeht. Damals wurden die Fleischgerichte so unsinnig gewürzt, daß man keine Fleischart mehr von der anderen unterscheiden konnte. Muß ich noch betonen, daß jedes derartige Verfahren eine Geschmacklosigkeit ist und der Gastrosophie zuwiderläuft? Die groben Würzorgien des 14. Jahrhunderts sind ja begreiflich. Damals waren viele Gewürze noch etwas Neues (die Kreuzfahrer und die Venetianer hatten sie nach Europa gebracht), außerdem gab es damals keine zusammengefaßte Gastronomie.

Von ganz wenigen Krankheitszuständen abgesehen, kann kundige und beherrschte Anwendung der Gewürze niemals Schaden bringen, sondern nur von Nutzen sein; ja, vielen Kranken verhelfen bestimmte Würzen mit zur Genesung. Die Gewürze steigern die Verrichtungen dieser und jener Organe, sie machen die Verdauungssäfte fließen und verstärken die wurmförmigen Verdauungsbewegungen des Darmes; sie sind hervorragende Appetitmittel.

Ganz neuerdings ist wieder, wie schon oft, eine kochsalzfeindliche Bewegung im Gange. Wissen die Veranstalter nicht, daß bereits MOLIÈRE (1622 bis 1673) die salzfreie Diät in seinem Stück *Der eingebildete Kranke* lächerlich gemacht hat? Ich gebe zu, daß weite Kreise viel zuviel Kochsalz gebrauchen, und es ist erwiesen, daß Kochsalzüberschwemmung den Organismus schädigt; anderseits ist das

Kochsalz unentbehrlich, da es ja von Natur in unserem Körper vorkommt und auch in vielen natürlichen Nahrungsmitteln enthalten ist; es ist in kleinen Gaben eine angenehme Würze und lockt die Verdauungssäfte. Salzfreie Diät ist nur in einigen wenigen Krankheitsfällen geboten, unter allen anderen Umständen aber ist sie Unsinn. Das Kochsalz ist das älteste und erste aller Gewürze, und die Literatur fast aller Völker hat sich mit ihm befaßt. Nur wenige Striche auf dieser Erde kennen es nicht. Man kann ohne Schaden und nur mit Vorteil bis zu 5 g täglich gebrauchen. Nebenbei gesagt, beruhen die Wirkungen dieser Diät viel weniger auf der Abwesenheit von Kochsalz als auf dem Reichtum an Mineral- und Ergänzungsstoffen sowie Fermenten – soweit sie nicht aus Breien, sondern, wie es jetzt Mode ist, hauptsächlich aus Rohobst und Rohgemüse besteht.

Das Mischen und die Heranziehung der Gewürze setzt uns instand, sowohl durch Zusammensetzung (Komposition) als auch durch Gegensätzlichkeit (Kontrast) herrliche Geschmackswirkungen zu erzielen. Wir vermögen auf diese Weise ganze Geschmackssymphonien aufzubauen. Beim Aufbau einer Speisenfolge und der Zusammensetzung der einzelnen Gerichte geht der Mensch von den gleichen Erwägungen aus wie bei der Gestaltung einer musikalischen Schöpfung. E. SZAMBA sagt darüber: »Auch hier entscheidet letzten Endes die Kunst des strengen Kontrapunktierens, und der Verlauf eines Mahles wäre an Hand einer Notenschrift, die Vitamingehalt, Salze, Kohlehydrate usw. berücksichtigen würde, leicht aufzuzeichnen. Man würde dann bemerken, daß eine solche Niederschrift zuweilen den lustigen Ton einer Polka, die Langsamkeit einer Sarabande, die pastorale Lieblichkeit und Kürze eines Madrigals oder den hinreißenden Schwung einer Konzertsonate trifft, wobei man das Consommé einem eröffnenden Presto, das Vorgericht einem rundlichen Adagio, die Hauptspeise mit einem schmetternden Allegro furioso con patate und endlich die spielerischen Kleinigkeiten des Nachtisches mit einem neckischen Scherzo vergleichen würde.« Wie ihre Ernährung, so ist auch die Musik der Völker; doch haben manche Komponisten einen fremden Einschlag, und das kommt immer daher, daß sie in anderen Ländern gelebt und deren Tisch kennengelernt haben.

Praktische gastrosophische Unterweisungen

Von den nötigen Temperaturen

Im allgemeinen mögen lauwarme Speisen und Getränke dem Organismus am zuträglichsten sein. Sehr heiße ebenso sehr kalte Speisen und Getränke können Schädigungen setzen. Nun schmecken aber weder lauwarme Speisen noch lauwarme Getränke gut; sie sind vielmehr entweder heiß oder kalt am schmackhaftesten. Glühend Heißes wird man in der Regel meiden, und Eiskaltes schadet nicht, wenn es auf vollen Magen, d. h. am Ende einer Mahlzeit gegessen wird.

Auch die Verbindung entgegengesetzter Temperaturen erhöht den Genuß. Kalte Schlagsahne macht heiße Getränke noch angenehmer, und zu Gefrorenem paßt heiße Tunke (etwa aus Schokolade) sehr gut.

Die Temperatur ist übrigens von großem Einfluß auf das Hungergefühl. Schon ARISTOTELES (384 bis 322 v. Chr.) weiß zu melden, daß warme Speisen den Hunger schneller, leichter und gründlicher stillen als kalte. Man darf deshalb, wie W. STERNBERG vorschlägt, auch in diesem Sinne von Heißhunger sprechen.

Alle heißen Speisen und Getränke müssen vom Feuer sofort auf den Tisch kommen, sonst büßen sie an Wohlgeschmack ein. Die Küche soll deshalb unmittelbar neben oder unter dem Speisezimmer liegen.

Zu den heißen Gerichten gehören vorgewärmte Teller.

Zuspätkommen eines Gastes ist nicht allein eine Ungezogenheit, sondern es bedeutet auch für alle infolge des Wartens eine Verringerung des Genusses durch Schmackhaftigkeitsverlust. BRIEUX läßt in seinem Stück *Die rote Robe* Madame VAGRET beweglich klagen: »Neun Personen zum Essen zu haben und nicht die genaue Uhrzeit zu kennen, wann diese eintreffen...!«

Die Speisenfolge

Es genügt nicht, ein Meister in der Kochkunst zu sein, sondern man muß auch die Mahlzeit so aufzubauen verstehen, daß der Appetit geweckt und wachgehalten wird und daß die Tafelrunde von Genuß zu Genuß steigt. Die Bestimmung der Speisenfolge ist also eine Kunst für sich.

Die überall geltenden Bräuche der Menüzusammenstellung sind wohlbegründet und entspringen nicht etwa der Willkür. Sie umstürzen zu wollen, wie es von gewisser, allem und jedem leiblichen Genuß abholder Seite versucht wird, ist ein wahnwitziges Unterfangen. Wohl lassen sich im Anschluß an unsere vermehrte gesundheitliche Erkenntnis Einzelheiten verbessern, aber an den Grundlinien kann nicht gerüttelt werden.

Wie W. STERNBERG sehr richtig sagt, muß bereits die Besichtigung des Speisezettels den Appetit wecken und die Verdauungssäfte fließen machen. Da nun Frankreich die Hochburg der Kochkunst und der Gastrosophie ist, muß man sich mit den französischen Bezeichnungen auf den Speisekarten abfinden; denn Übersetzungen wirken lächerlich und lähmen den Appetit.

- Eine regelrechte Mahlzeit wird mit der Vorspeise (Hors d'œuvre) eingeleitet.
- Das Nächste in der Reihenfolge ist die Suppe (Consommé oder Potage).
- Manchmal steht die Suppe an erster Stelle, die Vorspeise an zweiter.
- Im allgemeinen folgt auf die Suppe der Fisch (Relevé de poisson).
- Ihm schließt sich die aus Fleisch (Ochsen- oder anderes Fleisch oder Geflügel oder Wild) bestehende Hauptplatte (Pièce de résistance, Plat du jour) an, zu der Salat und Kartoffeln gereicht werden können.

- Die Kunstschüssel (Entrée) setzt die Speisenfolge fort. Sie kann warm oder kalt, schwer oder leicht sein und besteht aus Fleisch, Gemüsen, Eiern und anderem. Nach der Kunstschüssel ist der Braten (Rôti) an der Reihe. Zusammen mit ihm werden Salat und Kartoffeln oder Dunstobst[18] gegeben.
- Jetzt stellen sich die Zwischengerichte aus Gemüsen ein (Entremets de légumes).
- Dann sind noch süße Zwischengerichte (Entremets de douceur, Entremets sucrés) – nämlich Mehlspeisen – möglich. Ihnen wird häufig Kompott beigestellt.
- Der Nachtisch (Dessert) besteht 1. aus Butter und Käse, 2. aus Obst, Süßigkeiten, Gefrorenem.

So sieht die allgemein gültige Speisenfolge aus. Sie ist begründet und bewährt, jedoch durchaus nicht für alle Zeiten festgelegt. Wissen verpflichtet, und unser heutiges ernährungshygienisches Wissen zwingt uns geradezu, den klassischen Speisezettel zu überprüfen.

Nach unsern heutigen Begriffen ist früher, vornehmlich bei Festmählern, zuviel Fleisch verzehrt worden. Ferner hat man viel zuviel Gekochtes (Abgebrühtes) und zu wenig Rohes gegessen.

Es läßt sich kaum bestreiten, daß das Fleisch seiner Geschmacksstoffe wegen begehrenswert sein kann, ganz besonders bei kundiger Zubereitung. Hinwiederum ist reichliche Fleischnahrung dem Städter, namentlich soweit er Kopfarbeiter ist, nicht zuträglich; ja, auch dem Landmanne und dem städtischen Handarbeiter ist es nicht von sonderlichem Nutzen. Die lange Erfahrung der Menschheit und gleichermaßen der wissenschaftliche Versuch beweisen ein für allemal, daß wir bei vegetarischer Ernährung (die aber möglichst vielseitig sein muß) in jeder Beziehung weit besser fahren als bei Bevorzugung des Fleisches. Man kann, wenn man nur will, auch mit wenig und sogar ganz ohne Fleisch eine schöne und angenehme Tafel führen, wie ich bereits in meiner kleinen Schrift *Schlemme ohne Fleisch!*

---

18 Anm. d. Red.: Im eigenen Saft gedünstetes ganzes Obst, ohne zusätzlichen Zucker, nur mit Wasser eingemacht.

gezeigt habe. Gemüse, Kartoffeln, Milch und Milchprodukte (Käse namentlich), sowie in Maßen Eier und in geringerem Umfange auch Hülsenfrüchte und Getreide lassen sich unter geschickter Heranziehung von Gewürzen und anderen Genußmitteln zu wirklich angenehmen Gerichten verbinden, die frei sind von den Nachteilen des Fleisches, wohl aber seine Vorzüge (Wohlgeschmack) aufweisen. Es gibt köstliche Gemüsespeisen (zusammengesetzte), die auch stupide Fleischesser entzücken, und für die ganz Unverbesserlichen vermögen wir aus Hülsenfrüchten und bestimmten Zutaten (Eiern, Käse, Gewürzen) fleischähnliche Bratlinge herzustellen. Das alte Vorurteil, daß ein Mahl nur durch Fleischgerichte erträglich gemacht werde, kann sich also nicht mehr halten. Ich leugne nicht, daß die leider vorherrschenden asketischen und unfrohen Formen der vegetarischen Küche unschmackhaft sind und infolgedessen abstoßend wirken, auch von völlig irrigen Theorien ausgehen und in der Praxis durch sinnlose Bevorzugung bestimmter Nahrungsmittel und noch sinnlosere Ablehnung anderer gesundheitsschädlicher Einseitigkeit führen, doch mit diesen Verirrungen hat die kritische wissenschaftliche Ernährungshygiene, als deren Vertreter ich hier schreibe, gar nichts zu schaffen; mein Buch will daher nicht nach ihnen beurteilt werden. Wir wünschen also weniger Fleisch und dafür mehr pflanzliche Nahrungsmittel. Durch Verwendung nur allerbester Grundstoffe (an seinen Gästen zu sparen, ist unanständig) und kunstreiche Mitbenützung angenehmer Gewürze und anderer Genußmittel gelingt es uns, wie schon gesagt, ohne weiteres, auch einen fleischlosen oder fleischarmen Tisch höchst genußreich und obendrein viel zuträglicher zu gestalten.

Kochen, d. h. Sieden (Abbrühen) setzt den biologischen (lebenschaftlichen) Wert der meisten Nahrungsmittel herab. Vieles wird besser roh gegessen. Vor allem Obst und das Gemüse. Daß rohes Obst ein Schmaus ist, weiß wohl jeder; doch auch Rohgemüse kann vortrefflich munden, wenn es hübsch zurechtgemacht und weise gewürzt wird. Was nicht roh gegessen wird, soll im eigenen Safte oder in Fett (Butter oder Öl, nicht Schlachtfett!) gedünstet oder gebacken oder geröstet werden; manches lässt sich im strömenden Dampf gar machen. Ich habe hierüber schon mehrmals gesprochen, da es nicht überflüssig ist, immer wieder darauf zurückzukommen.

Der Gastrosoph, der mit seiner Zeit geht und nicht unbelehrbar auf dem Überlieferten sitzt, versteift sich nicht darauf, recht viel Fleisch zu bekommen und jedwede Rohkost zurückzuweisen. Schon viele meiner Freunde haben ihre Tafel nach den neuen Gesichtspunkten umgestaltet. Wer immer von ihnen ein Gastrosoph war, ist es trotzdem bis in die letzte Faser geblieben – ja, der Geschmack hat sich jedesmal noch verfeinert! –, und die Gesundheit hat dabei stets nur gewonnen. Als Kronzeugen hierfür darf ich die gütige Helferin aufrufen, der dieses Buch gewidmet ist.

Es ist an sich nicht notwendig, völlig auf das Fleisch zu verzichten. Mir persönlich bekommt die völlige Fleischmeidung seit 20 Jahren sehr gut, daraus läßt sich aber kein Gesetz für alle ableiten. Mäßiger Fleischgenuß schadet bei sonst einwandfreier Ernährung bestimmt nicht. Ich habe daher keinen Anstand genommen, auch Fleischrezepte mitzuteilen.

Von Banausen bekommt man oft zu hören, die Vorspeise sei Unsinn. Nun läßt sich aber gerade sie bis zu den Römern zurückverfolgen; bei ihnen hieß sie *gustatio*, auch *gustus*. Sie soll den Appetit herbeirufen. Wer begriffen hat, welche Bedeutung der Appetit besitzt und welche Aufgaben er zu erfüllen hat, wird nie mehr die Vorspeise schmälen. Man kann sehr gut alles Fleisch aus der Vorspeise wie überhaupt aus dem ganzen Menü weglassen; die Vorspeise soll pikant sein, um Appetit zu machen, aber das ist auch ohne Fleisch möglich. Die Hauptsache ist und bleibt, daß die Vorspeise ganz frisch ist.

Ebenso wie die Vorspeise wird auch die Suppe das Feld behaupten. Wohl kann die Fleischbrühe keine ernstlichen Verteidiger mehr finden, seitdem sich unser Wissen den Nahrungswirkungen ungeahnt erweitert und vertieft hat, aber die Suppe an sich hat ihr Ansehen keineswegs verkürzt gesehen. Sie wärmt den Magen, macht seine verdauenden Säfte fließen und facht den Appetit an; sie verleiht auch eine erste Sättigung, die den Hunger nur leicht übertönt und neuem Platz macht.

Nur in der kalten Jahreszeit eröffne man das Mahl mit der Suppe. Sonst beginne man stets mit der Vorspeise. Wer die kleinen pikanten Sächelchen, die als Vorspeisen so beliebt sind, gar nicht mag, setze an ihre Stelle frisches Obst und lasse darauf Rohgemüse folgen. Vielfach läßt man es bei einem von beiden bewenden und schaltet auch die Suppe aus. Diese neuere Übung – das Essen mit etwas Rohem zu beginnen – hat viel für sich; der Organismus kann im allgemeinen nur Nutzen davon haben. Jedenfalls ist es besser, das Rohe zuerst und nicht zuletzt zu essen; eine starre Regel braucht aber nicht daraus zu werden.

Wie man mit den Gängen der Mitte, den Fleischplatten, verfahren kann, habe ich schon weiter oben angedeutet. Die Frage der Zwischengerichte erledigt sich ebenalls von selbst. Ich muß betonen, daß die heutige Ernährungshygiene von den süßen Zwischengerichten, den Mehlspeisen, nicht viel hält; ihre Überwertung nach österreichischem und süddeutschem Muster muß aufhören.

Sehr häufig ist die Zahl der Hauptgerichte, d.h. der Gänge der Mitte zu groß. Sie zu verringern, kann daher oft nur von Nutzen sein. Anderseits darf man doch nich übersehen, daß sich der Appetit nicht bloß auf eine oder zwei Speisen zu erstrecken braucht und auch nicht einmal der Hunger. Man kann von einem bestimmten Gericht mehr als genug haben und doch noch Appetit auf andere empfinden, und dieser Appetit kann sich zum Hunger steigern. Die überlieferte Speisenfolge sorgt dafür, daß man immer neuen Appetit und auch immer wieder Hunger hat. Auch die Weine, die nacheinander gereicht werden, tragen dazu bei.

Vom Käse ist zu sagen, daß er unter allen Umstände vor dem eigentlichen Nachtisch, den Süßigkeiten, gegeben werden muß; darüber sind sich alle maßgebende Gastronomen einig. Auch sein Verhältnis zum Zwischengericht steht fest. Ist das Zwischengericht süß, so hat der Käse den Vorrang; in allen anderen Fällen folgt er dem Zwischengericht. Auch über die Bedeutung des Käses im Menü kann es keinen Streit mehr geben. Er sorgt für runde Sättigung und hilft außerdem (durch seine Fermente) der Verdauungsarbeit. Bereits SHAKESPEARE sagt in *Troilus und Cressida* (2, 3): »Why, my cheese, my digestion«, d.h. »Ei, mein Käse, mein Verdauungshelfer«.

Der süße Nachtisch wird in seiner Bedeutung und Aufgabe vielfach verkannt. Ihn als gänzlich überflüssig und obendrein schädlich zu bezeichnen, zeugt von bedenklichem Mangel an Kenntnis der Stoffwechselvorgänge und der Erfordernisse der Mundverpflegung. Wer nur ein bißchen mit diesen Fragen vertraut ist, weiß und hat auch immer wieder beobachtet, daß der süße Nachtisch die Mahlzeit wohltätig abschließt und daß deswegen ein allgemeines Verlangen nach ihm besteht. Bereits der römische Naturforscher PLINIUS (23 bis 79 n. Chr.) hat gewußt, daß Käse und ebenso Süßigkeiten Sättigungsgefühl hervorrufen (*Naturalis Historia* XXI, 284 [119] und XXV [8], 43 bis 44); auch der Geschichtsschreiber PLUTARCH (etwa 45 oder 50 bis gegen 125 n. Chr.) sagt deutlich (»Das Gastmahl der sieben Weisen.« XIV, *Moralia* 157 d). Die Römer haben denn auch auf den Nachtisch großes Gewicht gelegt, wie ihre Redewendung »ab ovo usque ad mala«, d. h. »Vom Ei bis zu den Äpfeln« (in übertragenem Sinne: Vom Anfang bis zum Ende) beweist. In der Tat verlegt Süßes den Appetit und ruft deutliches Sättigungsgefühl hervor. Das ist namentlich bei den schweren Süßspeisen der Fall: den fetthaltigen. Von jeher hat man deswegen die Süßigkeiten an den Schluß des Mahles gesetzt. Dabei bleibt es. Vor dem Essen reicht man Süßes nur dann, wenn man den Appetit zurückschrauben und den Hunger verringern will: bei Entfettungskuren.

Ein ausgesprochen wertvoller Nachtisch ist das Gefrorene (vorausgesetzt, daß es grundsätzlich nur aus guten und einwandfreien Stoffen bereitet wird). Es wird noch viel verkannt. Ich verweise auf meine Arbeit *Die Bedeutung des Speiseeises (Gefrorenen) in der Ernährung des Menschen* im Jahrgang 1930 der Zeitschrift *Neue Hauswirtschaft*. Dem leeren Magen tut Gefrorenes nicht gut; es darf auch nicht an die Zähne geraten.

Ich betone zum Schluß ausdrücklich, daß heute allgemein darauf hingearbeitet wird, die Zahl der Gänge zu verringern. Man darf daher weder mir noch der Gastrosophie selbst den Vorwurf machen, wir leisteten der Schwelgerei und der Unmäßigkeit Vorschub.

Rezepte

Das verjüngende und verschönende Obst

OBSTSALAT

Formel 1:

- Vermische Orangenschnitten, Bananenrädchen und Apfelschnitten miteinander, gieße ein wenig frischen Zitronen- oder Pampelmusensaft hinein, richte mit gemahlenen Nüssen (Mandeln, Haselnüssen, Pinienkernen) an und schmücke mit Weinbeeren aus.

Formel 2:

- Rühre Birnschnitten, Ananasstückchen, Weinbeeren und gemahlene Nüsse gut durcheinander und belege den Salat mit Johannisbrottrümmern.

Formel 3:

- Reibe Äpfel und gieße sofort ein wenig frischen Zitronensaft hinein, zerdrücke Bananen und zerstückele Mandarinen. Vermenge alles gut miteinander und übergieße es mit frischem Rahm. Obenauf streue Malagarosinen oder Korinthen.

Formel 4:

- Vermische Erdbeeren, schwarze Johannisbeeren, Reineclauden und Kirschen miteinander, würze mit kandiertem Ingwer oder ein bißchen Ingwerpulver und reiche Schlagrahm (ungezuckerten) dazu.

Formel 5:

- Orangen, Äpfel, Birnen, Ananas und Tomaten werden passend zerkleinert, mit frischem Granatapfelsaft befeuchtet und gut miteinander vermengt. Man setzt diesen Obstsalat auf Romaineblätter (röm. Salat) und bestreut jede Portion mit gemahlenen Nüssen oder setzt 1 Kaffeelöffel Schlagrahm oder Mayonnaise darauf.

OBST IN LIKÖRTUNKE

¶ Verschiedene Obstsorten der Jahreszeit werden, soweit es überhaupt nötig ist, zerkleinert. Man läßt sie dann 2 bis 4 Stunden in einer Brühe aus frischem Orangen- und Zitronensaft, je 1 Gläschen Cognac, Kirsch, Sherry, Cointreau, Bénédictine und Maraschino und ein bißchen Kümmel ziehen. (Andere Liköre dürfen nicht dazu verwendet werden, einzig die genannten ergänzen sich geschmacklich.) Bei Tisch gießt man noch ½ Flasche eisgekühlten Champagner darüber.

Die mundige Vorspeise

ARTISCHOCKEN-CHUTNEY

- Brate Artischocken auf dem Roste und zerdrücke sie in frischem Zitronensaft, den du mit ein wenig gutem Olivenöl und mäßig Pfeffer, Piment und Ingwerpulver vermengt hast.

BELEGTE BROTE

- Bestreiche Knäckebrot oder Schwarz- und Weißbrotscheiben mit frischer Butter und belege sie mit entkernten grünen und schwarzen Oliven, Kapern, Rettich-, Tomaten- und Gurkenscheibchen, Salatblättchen, gehackten rohen Champignons und Nußstückchen. Auch Gurken und Essiggürkchen können dazu verwendet werden.

CHESTERKRACHER

- Schneide von viereckigem (englischem) Weißbrot fingerdicke Scheiben und befreie sie von der Kruste, falls sie dich oder deine Gäste stört. Lege zwischen je 2 Scheiben 1 halbfingerdicke Scheibe Chesterkäse und umbinde sie wie Pakete kreuzweise mit weißem Faden. Brate diese Päckchen auf starkem Feuer in frischer Butter, dann nimm die Fäden weg und bringe die Brote gleich auf den Tisch.

RAMEQUINS

- Bringe ¼ l frische Milch zum Kochen und salze sie mild; dann laß Mehl und 100 g geriebenen Schweizer- oder Parmesankäse hineinrieseln. Rühre so lange um, bis die Mischung ganz glatt ist. Nunmehr rühre langsam 3 frische Eidotter hinein, hierauf das zu festem Schnee geschlagene Weiße der Eier. Buttere eine in die Röhre passende, nicht zu flache Form aus, gieße dein Gemisch hinein und backe es in milder Hitze 20 Minuten lang. Noch besser ist das Backen in lauter kleinen Förmchen.
- Reiche dazu Rettich- oder Tomatenscheibchen oder auch Salatblättchen (Kresse, Löwenzahn).

CERNEAUX AU VERJUS

- Lege 50 unreife Walnußhälften (selbstredend nur Kerne) in eine Glasschüssel. Hast du sie nicht selbst gesammelt, sondern (ohne Schalen) gekauft, so wasche sie erst und lasse sie abtropfen. Dann zerstoße in einem Porzellanmörser unreife weiße Weinbeeren und presse den Saft durch ein Stück Leinen. Gieße den Saft über die Nußkerne und würze mäßig mit grobem Salz und rotem Pfeffer. Diese Vorspeise muß 15 Minuten lang ziehen.

GRATIN PÉRIGOURDIN

- Schneide sorgfältig verlesene (Maden!) und gut gereinigte Steinpilze in Scheibchen und schmore sie in allerbestem Olivenöl. Sobald sie gar sind, lege sie in eine Backform und überschichte sie mit Trüffelscheibchen und frischem Rahm. Überziehe das Ganze mit Blätterteig und backe es bei milder Hitze im Ofen (15 bis 20 Minuten).

MUNKACZINA

Eine Vorspeise, die sich des Lobes großer Gastronomen wie TH. DE BANVILLE, CH. MONSELET, ROLLINAT, F. COPPÉE, A. SCHOLL, ANATOLE FRANCE, AUGUSTE RODIN und A. BESNARD zu rühmen vermag. Sie stammt aus Algerien.

- Schneide mehrere gründlich geschälte Orangen in Querscheiben und nimm die Kerne heraus. Bringe diese Scheiben in eine Salatschüssel und bedecke sie mit einer Schicht dünner Zwiebelscheiben; am besten eignen sich dazu die südländischen (süßen) Zwiebeln. Obenauf lege reichlich gut gewässerte schwarze Oliven. Würze mit rotem Pfeffer, ein wenig Salz und ein bißchen allerbestem Olivenöl. Mische sanft.

KRESSEBRÖTCHEN

- Bestreiche Weißbrot- und Vollbrotscheiben mit frischer Butter und belege sie mit Kresse in Mayonnaise.
- Kresse in Mayonnaise: Stelle dir eine dicke Mayonnaise her. Zerstoße die Stiele und einige Blätter der Kresse (Brunnenkresse ist vorzuziehen), treibe sie durchs Sieb und verleibe sie der Mayonnaise ein. Zuletzt rühre die Blätter hinein.
- Die Kresse muß sehr gründlich gewaschen und dann getrocknet werden.

DIABLOTINS TENTATEURS

- Verarbeite 250 g stark getrüffeltes Gänseleberparfait, roten Pfeffer und 3 Eßöffel geliertes weißes Fleisch (Kalbskniebug und Geflügel) gründlich miteinander. Forme daraus unter Zugabe feinen Teiges kleine Pastetchen und brate sie in geklärter Butter.

AUSTERNSALAT

❡ Öffne 50 Austern über einem Kochtopf und laß ihr Wasser hineinlaufen. Laß die Austern darin aufkochen; nimm sie heraus und pfeffere und salze sie mäßig. Dann schneide mehrere geschälte rohe Sellerieknollen in kleine Würfel, vermenge sie mit den Austern und übergieße das Ganze mit reicher Mayonnaise.

APPETITSCHNITTCHEN

❡ Verarbeite frische Butter, Camembertkäse und italienisches Tomatenmark so lange miteinander, bis eine gleichmäßig gefärbte Paste vorliegt. Je nach Geschmack nimmt man mehr oder weniger von dem einen oder anderen Bestandteil. Mit dieser Paste bestreiche Weiß- und Vollbrotschnitten. Schmücke diese Sandwiches mit feinen Salatblättchen (Löwenzahn, Kresse, Ackersalat, Brennessel) aus und lege je 1 weiße und 1 dunkle Schnitte aufeinander.

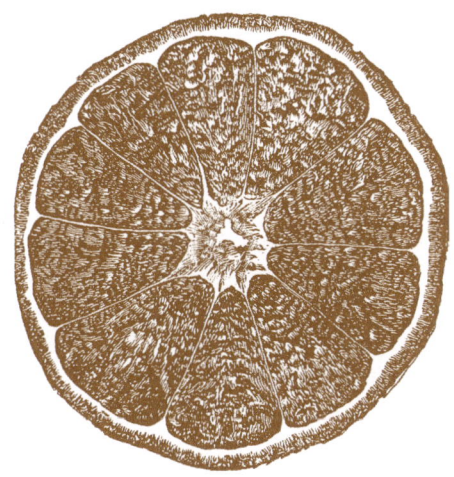

Rezepte

Die saftlockende Suppe

CHAUDEAU

In manchen Gegenden Frankreichs reicht man diese Suppe Jungvermählten, wenn man sie von zu wilden Liebesorgien ermüdet sieht.

- Der Chaudeau besteht aus leichter Kalbfleischbrühe, Weißwein (von nicht zu ausgesprochenem Geschmack, aber hohem Alkoholgehalt, wie z. B. die Weine des Ländchens Chalosse in der Gascogne), frischen Eidottern, Zimt und möglichst vielen anderen Gewürzen und wird stark gezuckert. Die richtige Mischung muß durch Erfahrung gefunden werden, Gewichtsangaben dafür gibt es nicht.
- Man muß diese Suppe ganz heiß trinken. Wo sie im Gebrauche ist, werden sinnlich aufreizende Lieder dazu gesungen.

NUSS-SUPPE

- Verrühre heiße Gemüsebrühe mit frischen Eidottern und füge sofort geschälte und zerstoßene frische Walnüsse sowie frischen Rahm hinzu. Bringe diese Suppe unverzüglich auf den Tisch. Sie darf nicht etwa durchgeschlagen werden.

PETERSILIENSUPPE MIT KÄSE

- Nimm für jeden Teilnehmer 1 Eigelb, 1 Eßlöffel geriebenen Schweizer- oder Parmesankäse und 1 Eßlöffel Mehl und verarbeite sie gut miteinander. Löse dieses Gemisch in so viel frischer Milch oder Gemüsebrühe auf, daß auf jeden mindestens 1 Teller Suppe entfallen muß. Setze den Topf auf mildes Feuer und rühre ohne Unterlaß mit einem hölzernen Kochlöffel um. Zieh den Topf beim ersten Aufwallen vom Feuer und gieße die Suppe in die Teller, die bereits reichlich gehackte Petersilie und ein wenig gewiegten Schnittlauch enthalten.

SARDINENSUPPE

- Leere 24 frische Sardinen und stelle sie beiseite. Dann bereite dir 2 l recht gewürzte kurze Fleischbrühe und tue 1 Eßlöffel gutes Öl, 2 zerkleinerte Tomaten und ein Stückchen Bitterorangenschale hinein. Laß das alles 20 Minuten lang kochen. Hierauf wirf die Sardinen hinein und laß das Ganze nochmals 10 Minuten kochen. Schließlich gieße die Brühe durch ein Sieb in die Suppenschüssel, in die du vorher geröstete Weißbrotwürfelchen und gehackten Kerbel gelegt hast.
- Die Sardinen werden für sich mit Kartoffeln und grünem Salat gereicht.

REISSUPPE MIT KOHL

- Bringe Gemüsebrühe zum Kochen und lasse gewaschenen und wieder getrockneten unpolierten Reis hineinregnen. Sobald der Reis beinahe gar ist, füge einige in feine Streifen (Julienne) geschnittene Weiß- oder Grünkohlblätter hinzu und laß das Kochen noch 10 Minuten fortdauern. Bestreue die fertige Suppe mit geriebenem Parmesankäse.

PFEFFERMINZSUPPE

- Schmore in Erdnußöl zerstoßenen Knoblauch und zerknitterte frische Pfefferminzblätter. Gieße heißes Wasser hinzu und rühre etwas Grieß ein. Laß die Suppe unter ständigem Umrühren kochen. Schlage in der Suppenschüssel frische Eier und gieße die dampfende Suppe darüber. Salze und pfeffere sie ein wenig.

ZWIEBELSUPPE MIT KÄSE

Diese Zwiebelsuppe ist durch den König STANISLAUS LECZINSKI von Polen, den Schwiegervater LUDWIGS XV, berühmt geworden.

- Man nimmt einem Laib Weißbrot die Kruste der Oberseite und zerbricht sie in Stückchen, die man auf beiden Seiten heiß macht, in frischer Butter wälzt und anröstet, worauf man sie zunächst beiseite stellt. Jetzt brät man unter ständigem Umrühren kleingeschnittene Zwiebeln in frischer Butter. Wenn die Zwiebeln braun (aber nicht schwarz!), geworden sind, fügt man die gerösteten Krüstchen hinzu und rührt weiter um, damit die Zwiebeln noch etwas brauner werden. Dann befeuchtet man alles ein wenig, um es überall vom Topfe lösen zu können, salzt und pfeffert und gießt schließlich das nötige Wasser dazu. Man läßt die Suppe noch 15 Minuten langsam kochen. Auf jedes Krüstchen, das im Teller aus der Brühe ragt, streut man reichlich geriebenen Schweizerkäse und dreht sie alle hin und her, damit der Käse tüchtig Fäden zieht.

PISTAZIENSUPPE

- Als Grundlage nehmen wir eine weiße Suppe.
- Die Pistazien werden enthäutet, zerstoßen und angefeuchtet, dann durchgetrieben, mit Petersilie, Thymian, Nägelchen[18], Schnittlauch, grüner Zitrone und Salz gewürzt.

---

18   Anm. d. Red.: Gewürznelken

Der erfrischende und entschlackende Salat

TOULOUSER SALAT

❧ Schneide gleiche Mengen ganz junger Artischockenböden und schwarzer Trüffeln in Scheibchen. Schichte sie abwechselnd in einer Salatschüssel auf und gib eine Lage feingehackten Knoblauch darüber. Übergieße das Ganze mit einer Tunke aus Öl, Weinessig, Pfeffer und laß es 1 Stunde ziehen; dann schmücke es mit schönen Endivien- oder Lattichblättern[19] und Tomaten- oder Gurken- oder Rettichscheiben aus und bringe es auf den Tisch.

PROVENZALISCHER SALAT

❧ Schmore zerschnittene reife Artischockenböden in Olivenöl, laß sie dann abkühlen und würze sie mit frischem Zitronensaft, Pfeffer und Salz. Jetzt schäle schöne reife Tomaten, schneide sie in Stücke und nimm das Wasser und die Samen heraus. Vermische die Artischockenböden mit den Tomaten in der Salatschüssel und gib Schnittlauch, Kerbel und Estragon, alles gut gehackt, hinzu. Obenauf lege in feine Streifen geschnittene saure Heringe, entsteinte grüne und schwarze Oliven und gevierteilte harte Eier. Endlich mache diesen Salat mit einer Tunke aus allerbestem Olivenöl, frischem Zitronensaft, Eidottern (geschlagenen rohen oder zerdrückten hartgekochten) und mäßig Pfeifer und Salz an.

BUNTER KARTOFFELSALAT

❧ Mache schöne Kartoffeln im Dampf gar, schäle sie und schneide sie in Scheiben. Ferner entkerne grüne und schwarze Oliven, koche frische Eier hart und dünste grüne Bohnen hübsch weich. Schneide auch holländischen Käse (geschälten) in Würfelchen; der gelbschalige ist der beste. Schichte diese Zutaten abwech-

---

19 *Anm. d. Red.: normaler Salat, Kopfsalat*

selnd zwischen je zwei Lagen Kartoffelscheiben in der Salatschüssel auf. Gieße 1 Flasche trockenen Champagner hinein und laß das Ganze 10 bis 12 Stunden lang ziehen. Bevor du den Salat reichst, schmücke ihn noch mit Kapern und Lattich-[20] oder Endivienblättern aus, gieße 1 kleines Glas Fine-Champagne dazu und mache ihn mit einer Tunke aus Olivenöl, frischem Zitronensaft, Pfeffer, Salz und Senf an.

RÖMISCHER SALAT

- Die langblättrige Lattichart, die diesen Namen trägt, ist ausnehmend saftig, daher wohlschmeckend und erfrischend. Zerschneide die gründlich gereinigten und abgetropften Blätter und wirf sie in die Salatschüssel. Gib Tomaten- und Radieschenscheibchen, Selleriewürfelchen (aus geschälten rohen oder gekochten Knollen) und Nußstückchen (Mandeln, Pinienkerne, Walnüsse) hinzu und mache den Salat mit einer dicken Mayonnaise an.

EISGEKÜHLTER SALAT

- Hierzu benötigst du Tomaten, Gurken, im Dampf gekochte Kartoffeln, grüne, gelbe und rote Pfefferschoten und süße (spanische) Zwiebeln.
- Schäle, zerschneide und entkerne die Gurken und die Tomaten; du kannst dich aber auch darauf beschränken, lediglich die Gurken zu schälen und brauchst nichts zu entkernen. Zerschneide die Pfefferschoten; sie zu entkernen, ist nicht unbedingt nötig. Schäle die Kartoffeln und die Zwiebeln und zerkleinere sie. Vermische alles gut und mache es mit einer Tunke aus edlem Öl, Weinessig, gehackten Kräutern (Schnittlauch, Petersilie, Kerbel, Estragon, Dill und Salbei) und mäßig Pfeffer und Salz an.
- Stelle den Salat auf 2 Stunden in Eis. Reiche ihn dann mit einer Decke aus reicher Mayonnaise, entkernten Oliven und Kapern.

---

20 *siehe Fußnote Seite 75*

ESTREMADURA-SALAT

❡ Zerstoße im Mörser 1 geschälte Zehe Knoblauch, einige enthäutete süße Mandeln, gehackte Petersilie und altbackene Brotkrume, die du gesiebt, befeuchtet und wieder ausgedrückt hast. Füge sparsam Pfeffer und Salz hinzu. Mache das Gemisch durch Umrühren mit Öl dick wie eine Mayonnaise und stelle es dann, wenn möglich, für eine Weile ins Eis. Hierauf gib zerschnittene reife Tomaten und in Würfel geschnittene gute Gurken sowie ein wenig Brösel hinein. Würze mit Estragonessig und gewiegten grünen Pfefferschoten.

※ *Rezepte* ※

Das gesunderhaltende Gemüse

a) rohes

ROHGEMÜSE-ALLERLEI

- Ordne auf einer Platte folgende geriebene bzw. gemahlene rohe Gemüse an: gelbe Rüben, rote Rüben (wenig), Rettiche, Knollensellerie (geschält), Kürbis, Gurken, Blumenkohl, Weißkraut, Rotkraut (wenig) und Spinat. Umgib sie mit einem Rande aus rohem Sauerkraut. Streue Kapern und entkernte grüne und schwarze Oliven ein.
- Begieße das Ganze mit einigen Eßlöffeln frischem oder saurem Rahm und mache es dann mit einer Tunke aus Olivenöl, frischem Zitronensaft, gemahlenen Nüssen, italienischem Tomatenmark und ein wenig rotem Pfeffer und Salz an.
- Statt der Kapern und Oliven können Stangensellerie und römischer Fenchel, beide ordentlich zerkleinert, eingestreut werden. Durch Weglassen dieses oder jenes Bestandteiles oder durch Hinzufügen anderer kann dieses Allerlei sehr abwechslungsreich gestaltet werden.

b) gedünstetes und gekochtes

ARTISCHOCKEN AUF FRANZÖSISCHE ART

- Wirf schöne Artischocken in kochendes Salzwasser, das du mit ein wenig Weinessig versetzt hast, und koche sie halb gar. Dann nimm sie heraus, entferne das Heu und lege sie kurz in frisches Wasser. Hierauf setze sie erneut aufs Feuer, und zwar mit ein wenig Wasser, in Mehl gedrehter frischer Butter, ein bißchen Petersilie, einer Spur Knoblauch, und gehackten Schalotten. Sobald sie gar sind, bedecke sie mit einer Tunke aus Eidottern und frischem Rahm; nur im äußersten Notfalle darf die Tunke auch ein wenig Mehl enthalten.

HAFERWURZ À LA CUISINIÈRE

- Schäle die Haferwurzstangen und lege sie zusammen mit frischer Butter, frischem Rahm und ein wenig Pfeffer und Salz auf die Platte, auf der du sie zu reichen gedenkst; streue Brösel darüber. Schiebe die Platte in den ziemlich heißen Ofen, laß sie aber nicht zu lange darin verweilen: die Haferwurz soll eben gar werden. Bei Tisch gib geriebenen Schweizerkäse oder Tomatentunke dazu.
- Statt Haferwurz kannst du Schwarzwurz oder auch Spargel nehmen.

STACHYS MIT WEISSER TUNKE

- Befreie die Stachysknöllchen von allen Würzelchen, wasche sie in lauem Wasser und trockne sie wieder ab. Dann schmore sie in frischer Butter (15 Minuten). Bereite rasch eine weiße Tunke aus frischer Butter, frischem Rahm (oder frischer Milch) und nur ganz wenig Mehl. Wirf die Stachys in die Tunke und warte 10 Minuten ab, bevor du sie reichst. Während dieser Zeit versieh die Platte, in der sie auf den Tisch kommen, mit einer Umrahmung aus Ackersalat oder Brunnenkresse oder Tomaten.

EIERPFLANZEN À LA LANGUEDOCIENNE

- Spalte die Eierpflanzen[21] der Länge nach in je 2 Teile und nimm die Samen heraus. Versieh das Fleisch mit zahlreichen Schnitten, ohne jedoch die Haut zu verletzen, und bestreue es mit Pfeffer, Salz und geriebener Muskatnuß (oder Macisblüte). Backe die Eierpflanzen bei milder Hitze in der Röhre oder auf dem Rost. Richte sie mit allerbestem Öl oder geriebenem Hartkäse an.

---

21 *Anm. d. Red.: Auberginen*

MIT GÄNSELEBER GEFÜLLTE EIERPFLANZEN

❡ Die Eierpflanzen werden der Länge nach geteilt, durch Einsalzen entwässert, 3- bis 4mal gewaschen und wieder abgetrocknet. Man kann aber auch auf das Entwässern verzichten, und dann ist das Waschen ebenfalls nicht nötig; bei dieser Behandlung bleibt das Gemüse wertvoller. Die geteilten Eierpflanzen bestreut man mit ein wenig Mehl und brät sie in gutem Öl (3 bis 4 Minuten), worauf man sie abtropfen läßt. Hierauf kratzt man mit Hilfe eines Löffels den größten Teil des Fruchtfleisches heraus und versieht die Höhlungen mit einer gründlich gehackten und vermengten Füllung aus dem herausgenommenen Fruchtfleisch, ein wenig Brotkrume, feinen Kräutern (Majoran, Dill, Estragon, Kerbel, Petersilie, Schnittlauch) und Gänseleber. Die gefüllten Eierpflanzen bestreut man mit Butterstückchen, geriebenem Käse und ein bißchen Brösel. Schließlich legt man sie in eine Backform und läßt sie in starker Hitze tischfertig werden.

KARDONEN AU GRATIN

❡ Ordentlich gereinigte Kardonenstiele[22] werden in leicht gesalzenem Wasser 15 Minuten lang gekocht, nach gründlichem Abtropfen in die Backform gelegt, mit altbackener Brotkrume, frischer Butter und Parmesankäse bestreut und im Ofen hübsch knusprig gebacken. Zuletzt kommt eine reiche Tomatentunke darüber.

TOMATEN À LA COULOUME

❡ Höhle ganz reife Tomaten durch eine kleine Öffnung von oben her soweit wie möglich aus und fülle sie mit einem gut zerkleinerten und vermengten Gemisch aus ihrem Fleisch, Lattichherzen[23], harten Eiern, kalten gekochten Langusten oder Krabben und Mayonnaise. Die Öffnungen in den Tomaten verschließe mit

---

22   *Anm. d. Red. auch: Gemüseartischocke oder Cardy*

23   *siehe Fußnote Seite 75*

Essiggurkenscheiben. Diese gefüllten Tomaten reichst du in einer schönen Platte auf Kastanien- oder Platanen- oder Rebenblättern.

❡ Vegetarier lassen aus der Füllung die Langusten bzw. Krabben weg; an ihrer Stelle können sie Holländerkäse oder Kapern und entkernte grüne und schwarze Oliven verwenden.

BLUMENKOHL KAROLINE

❡ Wirf 1 kleinen Blumenkohl, 60 g gewaschenen und wieder getrockneten Reis und 250 g vorsichtig geschälte und in Stücke geschnittene Kartoffeln in kochendes Salzwasser und laß sie gar werden (20 Minuten). Nimm sie dann heraus und zerdrücke sie mit einer Gabel oder einem Stampfer. Tu das Gemisch in einen halbkugeligen Napf, den du für 10 Minuten in kochendes Wasser stellst (Wasserbad). Stürze das fertige Gericht auf eine Platte und übergieße es mit weißer oder Béchamel- oder Tomaten- oder Senftunke.

GESTOVTE GÜRKCHEN

❡ Schäle kleine Gurken, schneide jede der Länge nach in 4 gleiche Teile und nimm die Samen heraus. Dann laß sie in einem verschlossenen Topfe weich kochen. Dazu gehört nur sehr wenig Wasser. Salze dieses Wasser ganz leicht und wirf auch einige Dill- oder Fenchelsamen hinein. Die garen Gürkchen reichst du mit einer Tunke aus zerlassener frischer Butter und ein wenig Kochwasser bzw. Gurkenbrühe.

SOUFFLIERTE KARTOFFELN

❡ Bürste schöne runde Kartoffeln bester Sorte recht sauber und schneide sie, ohne sie zu schälen, in 5 mm dicke Scheiben. Trockne die Scheiben gut ab (in einer frischen Serviette). Dann lege sie in Partien von je 10 in eine Pfanne, in der gutes Öl gerade heiß zu werden (zu rauchen) beginnt. Sobald sie durchsichtig geworden sind, nimm sie mit einem Schaumlöffel heraus, laß sie abtropfen und wirf sie schließlich in kochendes Öl. Sie soufflieren[24] im Ölbade rasch. Richte sie mit gewiegter Petersilie an.

GEFÜLLTE MADEIRA-ZWIEBELN

❡ Große süße Madeirazwiebeln werden geschält, ausgehöhlt und mit einer Füllung aus frischer Butter, ein wenig altbackener Brotkrume, gehackten Champignons, den gewiegten Zwiebelteilen, die man herausgenommen hat, und gewiegten Würzkräutern (Petersilie, Schnittlauch, Raute[25]) beschickt. Man salzt und pfeffert sie leicht, legt sie in eine gut gebutterte Pfanne und bäckt sie auf starkem Feuer.

KNOBLAUCH-ZWIEBELN

❡ Schäle schöne spanische Zwiebeln und höhle sie aus. Das herausgehöhlte Fleisch tu in einen Porzellanmörser und füge einige Zehen Knoblauch (südländischer ist am besten), gewiegte Petersilie, mehrere Kapern, einige entkernte schwarze Oliven sowie ein bißchen Salz und roten Pfeffer hinzu und zerstoße alles zu einer gleichmäßigen Paste. Fülle die Zwiebeln mit dieser Paste, ordne sie auf einer Platte an, deren Boden du mit frischer Butter überzogen hast, und laß sie im Ofen gar werden.

POMMES FRITES AU PORTO

❡ Schöne längliche Kartoffeln werden vorsichtig geschält (wenn sie noch jung sind, kann man ihnen die Schale belassen, muß sie aber recht sauber bürsten) und in Längsschnitzel geschnitten. Man trocknet die Schnitzel in einer frischen Serviette ab und brät sie

---

24 *Anm. d. Red.: Heute vor allem in Österreich genutzter Begriff für Ausbacken in Fett, bei dem sich Volumen und Oberfläche ändern.*

25 *Anm. d. Red.: Wein- oder Gartenraute*

im kochenden Ölbade (manche ziehen ein doppeltes vor) goldbraun. Die fertigen Kartoffeln befeuchtet man mit echtem altem Portwein.

RÜBCHEN IN MADEIRA

¶ Kleine frühe Rübchen werden gewaschen, geschabt, in Stückchen geschnitten und zusammen mit einigen Scheiben Zwiebel in frischer Butter goldbraun gebraten. Hierauf bräunt man ein weiteres Stück Butter, wirft ein gehacktes Bündel Würzkräuter (Petersilie, Kerbel, Estragon, Lorbeer), ein wenig Piment und die Rübchen hinein, gießt Madeirawein dazu, läßt alles aufkochen und noch eine Weile weiterschmoren.

GEFÜLLTE KOHLRÜBEN

¶ Flache Kohlrüben werden geschält, ausgehöhlt und in Butter im Ofen gebacken. Die garen Rüben werden mit Püree aus Knollenkerbel gefüllt.

TOPINAMBUR-SOUFFLÉ

Die Topinambur oder Viehkartoffeln *(Helianthus tuberosa)* erinnern im Geschmack an die Artischocke. Sie sollten viel mehr verwendet werden.

¶ Stelle zuerst 1 Pfund dickes Topinamburpüree her. Rühre 2 frische Eidotter, 1 Kaffeelöffel frischen Rahm und zuletzt 3 zu festem Schnee geschlagene Eiklar hinein. Backe das Soufflé im Ofen bei mäßiger Hitze und bringe es sofort auf den Tisch.
¶ Wer ein Besonderes tun will, wirft Trüffelschnipsel in den Teig.

Rezepte

Die leckeren Pilze

STEINPILZE AUF PROVENZALISCHE ART

❧ Von gründlich verlesenen und gewaschenen Steinpilzen trennt man die Füße ab und hackt sie unter Zugabe von Zwiebeln und Knoblauch recht klein. Die zerschnittenen Köpfe wirft man in heißes Olivenöl und fügt mäßig Salz und Pfeffer sowie das Gehackte hinzu. Man unterhält ein starkes Feuer. Die garen Pilze macht man mit frischem Zitronensaft und gewiegter Petersilie an.

GERÖSTETE CHAMPIGNONS

❧ Recht große Köpfe (die Fülle verwendet man anderweitig) werden auf mildem Feuer in möglichst wenig Olivenöl geröstet. Dann füllt man sie (an der Unterseite) mit frischer Butter, die man mit gehackten Würzkräutern (Petersilie, Majoran, Raute[26], Pfefferminze) verarbeitet hat, salzt und pfeffert sie mäßig und reicht sie auf Lattichblättern[27], am besten auf römischem Salat.

PILZRÄNDCHEN

❧ Reinige die Pilze (am besten Champignons) und schneide sie je nach ihrer Größe in je 2 oder 4 Teile. Dann schmore sie mit einem Sträußchen Petersilie in frischer Butter oder gutem Öl. Füge wenig Gemüsebrühe und ein bißchen Butter, in die du eine Spur Mehl verarbeitet hast, sowie mäßig Pfeffer und Salz hinzu. Laß alles aufwallen; stelle das Feuer schwach und laß das Ganze ein Weilchen weiterschmoren. Hierauf nimm die Petersilie heraus und mach die Bindung mit Hilfe von frischem Eigelb (1 bis 2). Belege mit den fertigen Pilzen knusperige Blätterteigkrüstchen.

---

26 *siehe Fußnote Seite 82*

27 *siehe Fußnote Seite 75*

Hülsenfrüchte

JUNGE ERBSEN

❧ Stelle junge Erbsen in wenig Wasser aufs Feuer. Das Wasser soll ein bißchen Salbei, Thymian und Rosmarin enthalten und ganz schwach gezuckert sein. Laß die garen Erbsen abtropfen und reiche sie mit aufgestreuten Butterkügelchen.

SAUBOHNEN

❧ Hierzu benötigen wir junge Saubohnen, deren Haut noch dünn und zart ist. Wir kochen sie erst in Wasser und nehmen ihnen die Haut, falls sie uns schon zu derb erscheint. Hierauf lassen wir sie abtropfen und schmoren sie dann noch kurz unter Zuhilfenahme von Butter und frischem Rahm. Wir würzen sie mit Thymian oder Königskraut *(Ocimum basilicum)* oder Bohnenkraut.

ROTE BOHNEN IN WEIN

❧ Rote Bohnen werden etwa 12 Stunden lang eingeweicht und dann mit Thymian und Rosmarin in Rotwein weich gekocht. Man macht sie mit frischer Butter und ein wenig Salz tischfertig.

WEISSE BOHNEN AU GRATIN

❧ Weiche schöne weiße Bohnen 12 Stunden lang ein und koche sie hierauf in Salzwasser, das ein wenig Thymian, Rosmarin und Bohnenkraut, 1 Lorbeerblatt und 1 Nägelchen[28] enthält, auf starkem Feuer. Achte darauf, daß sie beim Kochen ganz bleiben. Nimm sie heraus, sobald sie weich sind und lasse sie abtropfen. Lege sie dann auf eine Platte, gib frische Butter, frischen Rahm und geriebenen Schweizer-, Parmesan- oder Holländerkäse dazu und setze sie noch eine Weile der Backofenhitze aus.

---

28 siehe Fußnote Seite 74

Die duftige Eierspeise

GETRÜFFELTE EIER

- Halbiere hartgekochte frische Eier. Nimm die Dotter heraus und treibe sie mit Hilfe einer Mörserkeule[29] durch ein Sieb. Bräune in einem Pfännchen Butter, füge das Eigelb hinzu, salze und pfeffere leicht (roter Pfeffer) und gib eine in Portwein gekochte und gehackte Trüffel hinein. Stelle ein gleichmäßiges Gemisch her, fülle damit die hohlen Eihälften, setze sie auf eine Platte, begieße sie mit frischem Rahm und laß sie noch einige Minuten im Ofen verweilen.

STRAUSSENEI

- Reinige eine Schweinsblase durch Auskochen ganz gründlich. Dann schlage 12 frische Eier auf und trenne die Dotter vom Weißen. Gieße zunächst die Hälfte des Weißen in die Schweinsblase und tauche sie in kochendes Wasser, damit das Eiweiß ein wenig gerinnt. Hierauf schütte die Dotter hinzu und drehe die Schweinsblase hin und her, bis sie in der Mitte zu einer Kugel zusammenlaufen; hänge die Blase erneut in kochendes Wasser, damit die Dotter fest werden. Endlich fülle den Rest des Weißen obenauf, binde die Blase zu und laß sie noch 8–12 Minuten kochen. Schneide die Blase ab und reiche das Riesenei in einer Tomaten-, Senf- oder Béchameltunke.
- Eine weitere Überraschung kann man seinen Gästen dadurch bereiten, daß man die Eidotter vor dem Einfüllen mit gewiegten Würzkräutern (Schnittlauch, Petersilie) oder Kapern und zerkleinerten, entkernten Oliven (grünen) oder gehackten Trüffeln vermengt.

---

29 Anm. d. Red.: Stößel

EIER À LA TRIPE

❡ Wir schälen große Zwiebeln und schneiden sie in Scheiben, die wir in einem verschlossenen dicken Topfe in frischer Butter weich dünsten, dann mit ganz wenig Mehl bestreuen, mit ein bißchen heißem Wasser begießen und nochmals aufkochen lassen. Mit dieser Zwiebeltunke richten wir in Scheiben geschnittene hartgekochte Eier an.

TÜRKISCHE EIER

❡ In einem Kochtopf verrührt man gleiche Mengen guten Olivenöls und türkischen Kaffees mit Hilfe eines hölzernen Löffels; die beiden Flüssigkeiten sollen sich möglichst gut vermischen. In diese Kaffee-Öl-Mischung legt man frische Eier und stellt den Topf auf schwaches Feuer (Holzfeuer ist am besten), auf dem er mindestens 12 Stunden verbleiben muß. Das Weiße der Eier erhält durch diese Behandlung eine leichte Bernsteinfärbung, und der Dotter wird tief safrangelb. Die Eier schmecken kastanien- und haselnußartig.

FONDUE

Das Wort Fondue ist unübersetzbar. Wer dafür Rührei mit Käse sagt, beweist lediglich, daß er gar nicht weiß, worum es sich handelt. In gewissen Gegenden (so in den schweizerischen Kantonen Freiburg und Wallis) enthält dieses Gericht überhaupt kein Ei, sondern Käse, Butter, Gewürze und Weißwein bzw. Kirschbranntwein. Das hier folgende Rezept jedoch bedient sich auch des Eies.

❡ Einer Béchameltunke verleibt man mehrere frische Eidotter ein (für jeden Teilnehmer 2 bis 3) und stellt sie aufs Feuer; man schlägt sie mit einem Holzspatel. Nach 2 bis 3 Minuten fügt man geriebenen Schweizerkäse oder ein Gemisch aus gleichen Teilen geriebenem Schweizer- und geriebenem Parmesankäse, dann ein wenig Cayennepfeffer und zuletzt zu Schnee geschlagenes Eiklar (aber nur 1 Ei auf 3 Dotter) hinzu. Man schlägt alles gut durcheinander und läßt es fest werden.

PETITS SOUFFLÉS AU PARMESAN

▪ Löse 200 g Mehl in ½ l frischer Milch auf. Würze mäßig mit rotem Pfeffer, Salz und geriebener Muskatnuß. Stelle die Milch aufs Feuer und koche sie unter ständigem Umrühren so weit ein, daß sie dick wird. Zieh sie vom Feuer zurück, wenn sie einige Male aufgewallt hat, und füge 1 Handvoll geriebenen Parmesankäse sowie 50 g frische Butter hinzu; dann binde alles mit 5 frischen Eidottern und treibe es durch ein Haarsieb. Zuletzt verarbeite 7 zu festem Schnee geschlagene Eiklar hinein. Fülle mit diesem Gemisch kleine Porzellan- oder Papierformen, streue geriebenen Käse obenauf und schiebe sie zum Backen in den Ofen. Diese Soufflés müssen aus dem Ofen sofort auf den Tisch kommen.

▪ Statt Parmesan- kann auch Schweizerkäse genommen werden.

ZICHORIENSOUFFLÉ

▪ Treibe gedünstete Zichorie[30] durch ein feines Sieb. Auf je 250 g Zichorienpüree füge 3 frische Eidotter hinzu und vermische sie gut miteinander; dann 3 Eßlöffel geriebenen Holländer- oder Schweizer- oder Parmesankäse und zuletzt das zu festem Schnee geschlagene Weiße der Eier. Vermenge alles gründlich und backe es in einer gut ausgebutterten Form. Richte es mit gewiegter Petersilie (oder Schnittlauch) und einigen Kapern oder Essiggürkchen an.

▪ Statt Zichorie kannst du ebensogut Endivie[31] verwenden.

---

30 *Anm. d. Red.: Endivie*

31 *Anm. d. Red.: Hier ist Chicorée (Brüsseler Endivie) gemeint.*

Gerichte aus Getreide

MACCHERONI

❡ Koche dicke Maccheroni in Salzwasser (20 Minuten). Dann laß sie abtropfen und lege sie in einen heißen Topf, der neben dem Feuer steht. Füge ein bißchen geriebene Muskatnuß, Pfeffer und Salz, ferner einige Löffel Béchameltunke, kleine Butterstückchen und geriebenen Parmesan- oder Schweizerkäse hinzu. Wenn sich alles verteilt hat, lege die Maccheroni, schichtweise mit kräftig gewürzter Tomatentunke abwechselnd, in eine tiefe Platte.

SPAGHETTI AUF NEAPOLITANER ART

❡ Die Spaghetti werden in sehr viel gesalzenem und gepfefferten Wasser 10 bis 12 Minuten gekocht, worauf sie abtropfen müssen. Dann läßt man in einem Topfe Olivenöl heiß werden oder frische Butter zergehen, wirft italienisches Tomatenmark hinein, fügt die Spaghetti hinzu und rührt alles gut durcheinander. Hierauf nimmt man den Topf vom Feuer und richtet die Spaghetti in einer Schüssel mit geriebenem Parmesan- oder Schweizerkäse an.

REIS AUF ÄGYPTISCHE ART

❡ Wir waschen den Reis sorgfältig und trocknen ihn wieder. Ungefähr 1 Stunde vor Beginn des Mahles füllen wir einen Kochtopf zur Hälfte mit sehr heißem Wasser, werfen den Reis hinein und lassen ihn 20 Minuten darin liegen (abseits vom Feuer). Hierauf nehmen wir ihn heraus und rösten ihn in gutem Öl oder frischer Butter hellgelb. Nunmehr bringen wir ihn in einen anderen Kochtopf und begießen ihn mit der gleichen Menge kochendem Wasser; wir legen den Deckel auf den Topf und kochen den Reis auf starkem Feuer bis zum vollständigen Verschwinden des Wassers. Wir lassen ihn dann noch eine Weile auf schwachem Feuer stehen.

¶ Zu diesem Reisgericht kann eine Tomaten- oder Senftunke gereicht werden oder man macht ihn mit frischer Butter und geriebenem Käse an.

RISOTTO

¶ Hacke die Hälfte einer geschälten Zwiebel ziemlich klein und bräune sie in einem Kochtopf in 1 Eßlöffel Öl oder der entsprechenden Menge Butter. Gieße 3 bis 4 Tassen in lauwarmem Wasser gewaschenen Reis und 4 bis 6 Tassen Gemüsebrühe hinzu. Bedecke den Topf und laß den Reis, ohne ihn zu berühren, auf mittelstarkem Feuer 30 Minuten kochen. Dann wirf 6 Eßlöffel geriebenen Schweizer- oder Parmesankäse hinzu und verrühre ihn mit dem Reis; zieh den Topf vom Feuer, pfeffere und salze mit Maß und gib noch ein Stück frische Butter hinein.

BUTTERREIS

¶ Wir kochen den gewaschenen und wieder getrockneten Reis in Wasser, in das wir Pfeffer, Salz, gehackte Zwiebeln, gewiegte Petersilie, Lorbeerblätter, Nägelchen[32] und frische Butter geworfen haben. Er muß schnell und nicht zu lange kochen, also auf starkem Feuer. Der gare Reis wird mit frischer Butter und einer Tunke aus frischem Rahm und Eidotter versetzt.

GNOCCHI (NOCKERLN)

¶ Bringe in einem Topf ½ l frische Milch mit 50 g Butter und ein wenig Pfeffer und Salz zum Kochen. Sobald die Milch aufwallt, laß unter ständigem Rühren zuerst 200 g Mehl und dann 100 g geriebenen Parmesankäse hineinregnen, zieh den Topf vom Feuer und füge 3 frische Eier hinzu. Verarbeite alles gründlich miteinander und forme aus dem Teig kleine Kugeln, die du in leicht gesalzenes

---

32 siehe Fußnote Seite 74

Wasser fallen läßt, nach dem Garwerden herausnimmst und nach gründlichem Abtropfen in eine gebutterte Form legst, endlich mit einer dicken weißen oder sonstigen Tunke bedeckst und im Ofen leicht bäckst.

❡ Die Gnocchi lassen sich auch aus Kartoffeln herstellen. Die Kartoffelgnocchi sind wertvoller als die aus Getreidemehl bereiteten. Man macht 500 g Kartoffeln im Dampf gar, schält sie und zerstampft sie zu Mus. Nun tut man 25 g zerlassene frische Butter, 1 frisches Ei, 1 frisches Eigelb, 50 g Mehl sowie ein wenig Pfeffer und Salz und ein bißchen geriebene Muskatnuß hinein und stellt eine gründliche Mischung her. Man formt wieder Klößchen aus der Masse, die man 3 bis 5 Minuten in leicht gesalzenem Wasser kocht, hierauf abtropfen läßt und dann auf eine geölte feuerfeste Platte legt, mit zerlassener frischer Butter begießt und im Ofen krustig werden läßt.

❡ Zu den Kartoffelgnocchi ist Tomatentunke sehr angenehm.

QUICHE LORRAINE I

❡ Wir belegen ein Kuchenblech mit Blätterteig und breiten darauf ein Gemisch aus 4 Eßlöffeln frischer Milch und 2 geschlagenen frischen Eiern aus. Obenauf streuen wir kleine Speckschnipsel.

❡ Statt Speck können auch frische Butterkügelchen und Hartkäseschnipsel verwendet werden.

❡ Dieses Gericht wird im Ofen schnell gebacken.

※ *Rezepte* ※

Fleischspeisen

OCHSENZUNGE AUF ELSÄSSISCHE ART

❡ Enthäute eine Ochsenzunge und spicke sie mit frischem Speck und Schinken. Umgib sie mit Speckschnitten und stelle sie in einer Bratform (*mirepoix*[33]) aufs Feuer. Wenn sie weich zu werden beginnt, begieße sie mit einem Gemisch aus gleichen Teilen Weißwein und Fleischbrühe und gib 1 oder 2 gekochte Kalbsfüße hinzu; stelle sie in den Ofen und laß sie in milder Hitze gar werden. Sobald sie gar ist, dicke den Saft durch Kochen ein und binde ihn auf die übliche Art. Lege die Zunge auf eine Platte und geselle ihr den oder die Kalbsfüße bei. Schmücke die Platte mit gelben Rüben, die du erst gekocht und dann in Butter geschmort hast, und mit grünen Erbsen (auf englische Art[34]) aus. Reiche dazu den Rest des Fleischsaftes.

LACHSARTIGES KALBFLEISCH

❡ Ein etwa 3 Pfund schweres Stück Kalbskeule wird tüchtig geschlagen, dann mit einem Gemisch aus 1 Eßlöffel grobem Kochsalz und reichlich 1 Kaffeelöffel Salpeter[35] abgerieben, um ihm die Färbung des Lachses zu geben, zuletzt gerollt und verschnürt. Hierauf legt man es in eine Schüssel und gibt 3 geschälte Zwiebeln, ½ Zitrone, in Rädchen geschnitten, 3 bis 4 Lorbeerblätter. 1 Zweiglein Petersilie, 10 Nägelchen[36], 1 Eßlöffel weißen Pfeffer (Pulver), 5 bis 7 Wacholderbeeren sowie ein wenig Königskraut *(Ocimum basilicum)*, Estragon und Thymian hinein und gießt soviel guten weißen Weinessig dazu, daß alles richtig bedeckt ist.

---

33 Anm. d. Red.: In Würfel geschnittenes Röstgemüse, meist aus Wurzelgemüse.

34 Anm. d. Red.: In Wasser oder Brühe gegart und mit, nach Geschmack, gebräunter Butter übergossen und gesalzen.

35 Anm. d. Red.: Kaliumnitrat, kann durch anderes Pökelsalz ersetzt werden.

36 siehe Fußnote Seite 74

In dieser Beize beläßt man das Kalbfleisch 4 Tage und wendet es täglich einmal um. Nach Ablauf dieser Zeit füllt man die Schüssel mit Wasser auf und kocht das Fleisch in der so entstandenen Flüssigkeit auf mäßigem Feuer etwa 3 Stunden lang, um es dann in seiner das Brühe kalt werden zu lassen.

- Während das Fleisch abkühlt, hackt man ¼ Pfund Anchovis oder Sardinen mit ein wenig Petersilie, 1 ½ Eßlöffel Kapern und 5 Schalotten recht fein und löst das Gehackte in ½ bis 1 Tasse gutem Olivenöl auf. Mit dieser Tunke bedeckt man das kalte Fleisch, das man aus seinem Bade genommen hat, und gießt dann noch eine Mayonnaise darüber.

HAMMELKOTELETTEN À LA CHAMPALLON

- Man putzt 6 Hammelkoteletten (Lenden), flacht sie ab und brät sie auf starkem Feuer in ein wenig Butter. Wenn sie goldbraun geworden sind, legt man sie in einen irdenen Kochtopf und fügt 350 g fein zerkleinerte Zwiebeln, ½ l Fleischbrühe sowie Pfeffer und Salz hinzu und stellt den Topf in den Ofen. Nach ½ Stunde gibt man außerdem noch 3 Pfund in Scheiben geschnittene Kartoffeln und 100 g Butter hinein, deckt den Topf gut zu und beläßt ihn weitere 30 Minuten im Ofen. Man bringt das Gericht in diesem Topfe auf den Tisch.

LAMM AUF UNGARISCHE ART

- Schäle 12 große süße Zwiebeln, schneide sie in Scheiben und bräune sie mit ein wenig Mehl in frischer Butter, dann gib Pfeffer und Salz und einige Würzkräuter (Petersilie, Kerbel, Thymian, Estragon, Salbei, Lorbeer) hinein. Jetzt schneide eine Lammbrust in dünne Scheiben und brate sie in frischer Butter. Gieße die Zwiebeltunke darüber und laß das Fleisch etwa 1 Stunde schmoren, indem du von Zeit zu Zeit einige Eßlöffel Fleischbrühe hinzufügst.

GEFÜLLTES ZICKLEIN

❡ Dem Zicklein werden Kopf und Hals abgeschnitten und Geweide werden herausgenommen. Man versieht den Körper mit einer Fleischfüllung, näht ihn zu und brät ihn auf mildem Feuer; wenn er halbgar ist, bestreut man ihn mit feiner Brotkrume und gewiegter Petersilie und feuchtet ihn mit Weißwein an. Man bringt ihn mit einer kräftig gewürzten Tunke auf den Tisch.

Wild

REHPFEFFER

❡ Mache dir eine Brühe aus Speck und frischer Butter und brate darin die Brust und den Hals eines Rehes, die du in passende Stücke geschnitten hast. Gieße etwas heißes Wasser und ebensoviel Rotwein hinein und füge Salz und Pfeffer sowie – in einem leinenen Beutelchen – Würzkräuter (Kerbel, Petersilie, Estragon, Majoran, Lorbeer), Knoblauch, Zwiebeln und Wacholderkörner dazu. Koche das Fleisch gar und entfette die Brühe; ist sie nicht dick genug, so versetze sie noch mit ein wenig Mehl.

FASAN MIT TRÜFFEL- UND GÄNSELEBERFÜLLUNG

❡ Der Fasan wird mit feinem Speck gespickt, mit einer guten, angenehm gewürzten und Trüffeln enthaltenden Füllung (Maronen oder Gemüse oder Fleisch) beschickt, auf den Spieß gesteckt und vor einem Holzfeuer (sehr gut ist Rebholz) gedreht. Seinen Saft läßt man auf geröstetes Brot fallen. Man muß sehr darauf achten, daß man ihn nicht zu spät vom Spieß nimmt; er darf nicht zu stark gebraten werden.

Fische und Schalentiere

SEEZUNGE IN APFELWEIN

❡ Gib der Seezunge frische Butter, Thymian, Lorbeer, Salz und Pfeffer sowie Apfelwein (nicht zu süßen!) bei und setze sie ½ Stunde der Ofenhitze aus. Dann gieße die Brühe ab und koche sie zu ordentlicher Dicke ein; laß unter ständigem Schlagen weitere Butter in ihr zergehen und treibe sie durch Musseline[37]. Umgib die Seezunge mit Krebsschwänzen oder Muscheln oder Champignons, bedecke sie mit der Tunke und backe sie im Ofen fertig.

MAKRELEN AUF FLÄMISCHE ART

❡ Öffne die Makrelen am Bauch und weide sie aus. Fülle sie mit einer Paste aus frischer Butter, Pfeffer, Salz, geriebener Muskatnuß, gewiegten Schalotten und gehackten Kräutern (Kerbel, Pfefferminze), begieße sie mit frischem Zitronensaft und hülle jede in dichtes Papier ein, das du innen mit Olivenöl oder Butter bestrichen hast. Brate sie in milder und gleichmäßiger Hitze auf dem Rost. Sind sie gar geworden, so nimm sie aus dem Papier heraus und begieße sie mit dem Fett, das darin geblieben ist, und auch noch mit frischem Zitronensaft.

FORELLE FRANÇOIS

❡ Weide eine große Forelle aus und kratze dabei das Blut mit dem Stiele eines Kaffeelöffels gegen die Wirbelsäule, wasche sie gründlich und trockne sie in einer Serviette wieder ab; salze sie auf beiden Seiten und rolle sie erst in frischem Rahm und dann in Mehl. Lege sie hierauf in eine Fischschüssel, in der bereits frische Butter zergangen ist und brate sie auf beiden Seiten goldbraun. Begieße sie mit 1 Glase gutem Portwein, koche die Brühe ein und füge

---

37 Anm. d. Red.: Passiertuch

noch 1 Tasse frischen Rahm hinzu. Schiebe nunmehr die Schüssel in den Ofen und backe den Fisch unter häufiger Befeuchtung mit der Brühe (nötigenfalls mit ein wenig Wasser) fertig.

- Auf die gleiche Weise kann Hecht zubereitet werden.

STEINBUTT À LA CALAISIENNE

- Der Fisch wird erst 1 Stunde lang in zerlassener Butter, die Salz, Pfeffer, geriebene Muskatnuß und gewiegte Petersilie enthält, gebeizt und dann in einer Backform in den Ofen gestellt. Inzwischen verarbeitet man frische Butter mit ein wenig Mehl, das man in kochendem Wasser gelöst hat, stellt sie aufs Feuer und rührt sie 15 Minuten lang, worauf man in Butter geschmorte Pilze (am besten Champignons) samt ihrem Safte, ½ Glas Madeirawein und ein bißchen Pfeffer hinzufügt. Man läßt das alles aufkochen und gießt zuletzt die so gewonnene Tunke auf den mit Butterkügelchen bestreuten garen Fisch und wartet noch 5 Minuten Backzeit ab.

HUMMERPASTETE

- Man macht ein Füllsel aus Aalquappen, vermehrt es um rohen Hummerrogen, 1 Tropfen Karmin und 1 Gläschen Fine-Champagne und bringt einen Teil davon in eine rechteckige Form, die man mit frischer Butter gefettet und mit Teig ausgelegt hat. Inzwischen hat man den Hummer auf amerikanische Art zubereitet (bekanntes Rezept, s. S. 99) und macht nun aus seinem Schwanze und den Füßen Fleischschnitten von 1 cm Dicke, die man in bunter Abwechslung mit Trüffel- und Wiesenchampignonschnitten auf die Füllsellage in die Backofen setzt. Man deckt eine neue Lage Füllsel darauf und macht einen Deckel aus Teigblättern. Jetzt schiebt man die Form in den Ofen. Auf die fertige Pastete gießt man amerikanische Tunke (s. S. 99) und reicht weitere in einer Tunkenschüssel. Man umgibt die Pastete mit Krebsen und bringt sie ganz heiß auf den Tisch.

GEFÜLLTE LANGUSTEN

❡ Koche die Langusten in kurzer Fleischbrühe, laß sie abkühlen und schneide sie der Länge nach in gleiche Teile. Nimm alles Fleisch aus dem Schwanze und das ganze Innere aus dem Panzer und sorge dafür, daß der leere Schwanz am leeren Kopfe bleibt. Schneide das Schwanzfleisch in Rädchen. Hacke das Innere des Panzers unter Zugabe von Champignons, Würzkräutern (Petersilie, Estragon, Majoran, Salbei, Raute[38], Pfefferminze), Brösel und Béchameltunke. Beschicke den Schwanz und den Panzer mit dieser Füllung und stelle die Langusten auf 5 Minuten in den Ofen. Hole sie dann wieder heraus, belege die Füllung mit den Fleischrädchen und gieße zuerst Cognac und dann kräftig gewürzte Béchameltunke darauf. Füge noch einige frische Butterkügelchen hinzu und backe die Krebse erneut ganz kurz.

AUSTERNSALAT

❡ Siehe: Die mundige Vorspeise (Seite 71).

---

[38] *siehe Fußnote Seite 82*

Rezepte

Die schmeichlerische Tunke

SALATTUNKE

- Es ist ein unverbrüchliches Gesetz, daß nur allerallerbestes Öl Eingang in die Salattunke finden darf. Daneben ist dem zweiten Gesetz zu gehorchen, daß die auf Flaschen gezogenen fertigen Salattunken des Handels streng zu meiden sind. Öl, Weinessig (aber ja nicht Holzessig!) oder frischer Zitronensaft sowie Pfeffer und Salz werden gründlich geschlagen, verschüttelt oder verrührt. Die richtigen Mischungsverhältnisse mußt du ausproben. Da auf Abwechslung zu halten ist, kannst du auch frischen Rahm oder frisch gemahlene Nüsse oder frische Eidotter mit hineinverarbeiten. Ab und zu magst du sie mit Senf oder Senfpulver würzen. Ein bißchen gewiegter Knoblauch von Zeit zu Zeit steht ihr ebenfalls gut.
- Statt Salattunke kann Mayonnaise zum Anmachen des Salates dienen.
- Viele Gastrosophen machen den Salat erst bei Tisch an. Sie verreiben in einem Salatlöffel Salz, Pfeffer und Senf mit Öl. Dieses Öl lassen sie langsam und gleichmäßig über den Salat fließen; nötigenfalls verfahren sie mehrmals so. Hierauf besprengen sie die Blätter mit Weinessig oder Zitronensaft, außerdem zuweilen mit einigen Tropfen Maggiwürze. Zuletzt wird jedes Blatt in der Tunke gewendet.
- Leider ist immer noch nicht jedermann eingegangen, daß der gewaschene Salat wieder ganz trocken sein muß, bevor er angemacht wird. Man lege ihn nach dem Waschen in einen der bewährten verschließbaren Drahtkörbe und schwinge ihn ordentlich trocken.

AMERIKANISCHE TUNKE[39]

Formel 1:

❡ Bereite eine braune Buttertunke und füge 1 gewiegte Schalotte, 1 Eßlöffel gutes Öl, 150 g Weißwein, 50 g Wasser, 50 g Cognac, 1 gehackte Zwiebel, ein wenig gewiegte Petersilie, 1 Lorbeerblatt sowie ein bißchen Pfeffer und Salz hinzu. Dicke diese Tunke auf mildem Feuer ein und schlage sie durch. Sie paßt zu jedem in kurzer Fleischbrühe gekochten Fisch und zu Hummern, Langusten und Krabben.

Formel 2:

❡ Vermehre eine helle Buttertunke um die kurze Fleischbrühe, in der du Fische gekocht hast, und laß sie 5 Minuten brodeln, dann pfeffere und salze sie mäßig. Füge, kurz bevor du sie auf den Tisch bringst, frischen Rahm hinzu. Reiche sie ganz heiß zu den Fischen.

Formel 3:

❡ Wirf 30 g frische Butter und 50 g Mehl in einen Kochtopf und vermische sie auf dem Feuer miteinander ohne sie braun werden zu lassen. Gieße 200 g kochendes Wasser hinzu und rühre so lange um, bis eine dicke Tunke entsteht. Dann verarbeite noch 2 zerdrückte harte Eidotter (frische!) hinein und pfeffere und salze sie leicht. Gieße diese Tunke über Fische.

---

39 *Die Bezeichnung Sauce américaine ist falsch, hat sich aber leider eingebürgert. Richtig heißt es Sauce armoricaine, und das bedeutet Sauce bretonne: bretonische Tunke.*

SAUCE VINCENT

Gieße kochendes Wasser in ein (kupfernes) Pfännchen und wirf je 1 Handvoll Brunnenkresse, Kerbel, Sauerampferblätter und Bibernell sowie die doppelte Menge Spinat hinein und füge ein wenig Petersilie und ein bißchen Schnittlauch hinzu. Laß die Gemüse 2 Minuten kochen und dann abtropfen, besprize sie mit frischem Wasser, treibe sie durch und verleibe das Püree einer kräftig gewürzten Mayonnaise ein.

Diese Tunke paßt zu Teigwaren, Kartoffelgerichten und kaltem Fleisch.

PFEFFERTUNKE

Eine Tunke zu großem Wild.

Bräune in frischer Butter 3 gewiegte Schalotten, 1 gewiegte Zwiebel, 1 gehackte Knoblauchzehe, einige Champignons und einige Stückchen roher Schinken und gib 1 großes Glas guten Weinessig und gewiegte Würzkräuter – nämlich Thymian, Petersilie und Lorbeer – hinein. Laß das Ganze zur Hälfte einkochen und füge 2 Tassen braune Butterbrühe, die du inzwischen bereitet hast, dazu. Koche die Tunke auf mildem Feuer zu Ende, entfette sie hierauf, rühre sie durchs Sieb und würze sie mit Cayennepfeffer.

MEERRETTICHTUNKE

Bringe ½ l guten Rahm zum Kochen und füge 70 g geriebenen rohen Meerrettich und ein wenig Salz hinzu. Rühre alles gut durcheinander.

Eine Tunke zu Kartoffeln und zu Fleisch.

SENFTUNKE

❡ Schlage mit dem Schneebesen oder dem Rädchen 8 Eßlöffel Öl, 2 Eßlöffel Weineesig, 2 Kaffeelöffel Senf (oder Senfpulver) und pfeffere und salze leicht.

Diese Tunke macht fade Gemüse und auch manches Fleisch schmackhafter.

KÖNIGINTUNKE

❡ Wir bräunen in Scheiben geschnittene Zwiebeln, gelbe Rüben und Schalotten sowie gehackten Knoblauch und gewiegte Petersilie in frischer Butter, streuen ein wenig Mehl hinein und gießen gleiche Mengen Gemüsebrühe und Weißwein dazu. Diese Mischung muß eine ½ Stunde kochen und wird dann durchgetrieben. Unterdessen haben wir Brotkrume in heißer Milch getränkt und durch ein Sieb wieder ausgedrückt; sie werfen wir in die Tunke und schicken ihr ein wenig Pfeffer und Salz nach.

BÉCHAMELTUNKE

❡ Laß Butter zergehen und wirf rasch die gleiche Menge Mehl hinein; vermische sie gut miteinander. Nun gieße unter fortgesetztem Rühren langsam soviel frische Milch dazu, bis die Mischung die gewünschte Dicke erreicht hat. Salze und pfeffere sie mäßig, koche sie auf mildem Feuer ¼ Stunde und mache sie mit frischem Rahm vom Gewicht der in ihr enthaltenen Butter fertig.

TOMATENTUNKE

❡ In eine Béchameltunke wird italienisches Tomatenmark verarbeitet.
❡ Aus frischen Tomaten wird sie folgendermaßen hergestellt: Man schneidet 12 schöne reife Tomaten in Stücke, zerdrückt sie und wirft sie in einen Topf, der bereits 2 Eßlöffel allerbestes Oliven-

öl, 1 gehackte Knoblauchzehe, 1 gewiegte Zwiebel, 1 zerkleinerte gelbe Rübe, 1 Lorbeerblatt, 1 Bündel Würzkräuter (Petersilie, Kerbel, Salbei, Thymian, Quendel, Majoran und Raute[40]) sowie ein wenig Pfeffer und Salz enthält. Man kocht sie solange (etwa ½ Stunde), bis ihr Wasser beinahe verdampft ist, und treibt sie dann durch. Sie muß gleich verwendet oder bis zur Verwendung warm gehalten werden.

MAYONNAISE

¶ Für jeden Teilnehmer tun wir 1 geschälte Knoblauchzehe und 6 enthäutete süße Mandeln in den Porzellanmörser und zerstoßen sie; dann fügen wir für jeden 1 frisches Eigelb und ein bißchen Salz und roten Pfeffer hinzu. Nunmehr beginnen wir mit der rechten Hand den Stößel zu drehen; er darf nicht ruhen, bis die Mayonnaise fertig ist. In der linken Hand halten wir die Ölflasche. Es muß allerbestes Olivenöl sein. Wir lassen das Öl unter ständigem Kreisen des Stößels Tropfen für Tropfen in den Mörser fallen; es muß eine ganz dicke Tunke entstehen.

GRÜNE TUNKE

Formel 1:
¶ Verrühre Mayonnaise mit frischem rohem Spinatpüree.

Formel 2:
¶ Zerstoße Kerbel, Petersilie, Estragon, Wasserkresse, Pfefferminze und Schnittlauch im Porzellanmörser, treibe den Saft durch ein Stück Leinen und verleibe ihn einer stark gewürzten Mayonnaise ein. Färbe zu allem Überfluß mit frischem Spinatsaft nach, den du auf die gleiche Weise gewonnen hast. Wirf einige Kapern in die Tunke.

---

40 siehe Fußnote Seite 82

Formel 3:

¶ Zerstoße 1 Pfund Spinat, ¼ Pfund Brunnenkresse sowie etwas Kerbel und Estragon, seihe den Saft durch ein Stück Leinen und verrühre ihn langsam in dicke Mayonnaise.

Der köstliche Nachtisch

BRIOCHES À LA CORDOUAN

¶ Bereite eine Maronencreme und würze sie leicht mit Vanille. Ferner zerstoße 12 feine Pralinen zu Brei und vermische sie mit 250 g ordentlich geschlagener Crème Chantilly. Nimm von 4 schönen kleinen Brioches das Obere weg und fülle die Höhlungen mit einem Teil der beiden Füllsel, decke sie wieder zu, lege jedes auf eine Muschelschale aus Glas und umgib sie erst mit Maronencrème und dann mit Crème Chantilly[41]. An die Ränder setze Engelwurzstreifchen (eingemachte).

¶ Diese Speise muß mindestens lauwarm auf den Tisch kommen.

PIROZKI SERNIKI

Eine polnische Näscherei.

¶ Mache ein Gemisch aus 200 g Rahmkäse, 80 g Brotkrume, 1 bis 2 frischen Eiern, 10 g Zucker, ein wenig frischem Rahm, 30 g Korinthen, ein bißchen geriebener Muskatnuß, ein wenig Salz und genügend Mehl, um daraus kleine Kugeln zu formen. Flache diese Kugeln ab und brate sie in frischer Butter.

---

41 *Anm. d. Red.: Gesüßte Schlagsahne, die noch anderweitig aromatisiert werden kann.*

MARQUISE AU CHAMPAGNE

❦ Schneide Birnen, Äpfel, Aprikosen und frische Ananas in Würfelchen, lege sie in eine schöne große Glasschüssel und füge Erdbeeren und Himbeeren hinzu. Gieße 1 Flasche Champagner, 1 Glas Kirschbranntwein und eine entsprechende Menge weißen Sirup darüber. Stelle die Schüssel ins Eis und reiche die kalte Speise in Champagnerschalen.

RÊVE À LA ROSE

❦ Schlage 4 Eiklar zu ganz hartem Schnee, füge 2 Eßlöffel Zucker, 1 Tropfen Karmin und ¼ Pfund kandierte Rosenblüten hinzu und gieße das Gemisch in eine mit gebräuntem Zucker ausgelegte Form. Stelle die Form ins Wasserbad und koche die Speise gar. Reiche sie kalt und gib dazu eine rot gefärbte und kräftig mit Vanille gewürzte englische Crème.

PUITS D'AMOUR

❦ Für jeden Gast brauchen wir 1 frisches Ei. Drehe die Dotter mit ebensovielen Eßlöffeln Staubzucker, bis eine dicke, mayonnaisenartige Tunke entsteht. Zuckere das Weiße der Eier leicht und schlage es zu festem Schnee. Lege in hübsche Champagnerschalen je 1 Eßlöffel Johannisbeer- oder Himbeermarmelade, 1 Eßlöffel verarbeitetes Eigelb (siehe oben) und 1 Kaffeelöffel Kirschlikör oder Rum. Obenauf setze Eiweißschnee und je 1 eingemachte oder frische Kirsche oder Erdbeere.

TOUT-BORDEAUX-GEFRORENES

❦ Bräune einige enthäutete süße Mandeln in Zucker, laß sie kalt werden und hacke sie dann sehr fein. Hierauf stelle eine Karamelcrème aus 1 l frischer Milch, 375 g Zucker, 10 frischen Eidottern und 1 Stange Vanille her und gieße sie in die Eismaschine. Sowie sie halbgefroren ist, verleibe ihr die gehackten Mandeln und ½ l Schlagrahm ein: Laß sie dann noch 3 Stunden gefrieren. Reiche zu diesem Gefrorenen einen Rumsabayon, heiße Schokolade und kleine Eiswaffeln.

MONTMORENCY-GEFRORENES

❡ Mit Triple-Sec und Kirschlikör gewürzte und mit Branntweinkirschen vermischte Biskuits umgibt man mit Kirschgefrorenem und läßt dieses Gemisch 2 Stunden in der Eismaschine verweilen. Auf das fertige Gefrorene legt man im Sommer einen Kirschzweig, und an den Seiten schmückt man es mit frischen Kirschen aus. Zu anderen Jahreszeiten legt man einen Ring von Vanillegefrorenem darum und stattet es mit kandierten Kirschen oder Fondantkirschen aus.

QUICHE LORRAINE II

❡ Besetze ein Kuchenblech mit Blätterteig und bringe auf ihm eine mindestens ½ cm dicke Lage Crème aus 2 bis 3 geschlagenen frischen Eiern, 6 Eßlöffeln Rahm, Zucker nach Geschmack und einigen Tropfen Orangenblütenwasser unter. Obenauf legt man ein wenig Butter und bäckt den Kuchen rasch im Ofen.

PISTAZIENCRÈME

❡ Koche ½ l Milch so lange, bis sie dick zu werden beginnt. Füge hinreichend Zucker hinzu und rühre die Milch. Sobald sie einigermaßen steif geworden ist, laß ¼ Pfund enthäutete und gemahlene Pistazien hineinfließen. Rühre alles gut durcheinander.

CRÈME BEAUVOIR

❡ Für jeden Gast wird 1 frisches Eigelb geschlagen und mit 1 Eßlöffel Rum und 1 Eßlöffel Zucker vermischt. Dann rührt man das ordentlich geschlagene Eiklar hinein.

⚜ Getränke ⚜

Die belebenden und beseligenden Getränke

Der göttliche Wein

»Am Abend hub die Seele des Weines an zu singen:
›Für dich, du teurer Mensch, enterbt und ausgestoßen,
Soll jetzt mein brüderliches, helles Lied erklingen
Aus meinem Glasgefängnis, mit Siegellack verschlossen!‹ [...] «

CH. BAUDELAIRE (»Die Blumen des Bösen«)

Die Behauptung, daß es schädlich sei, zum Essen zu trinken, ist sehr kühn. Im Röntgenbild können wir sehen, daß sich im Magen die Getränke gar nicht mit den Speisen vermischen, sondern einen eigenen Weg nehmen: durch die sogenannte Magenstraße. Man hat einzig darauf zu achten, daß das Trinken nicht zum Schlingen verführt; man muß immer ordentlich kauen.

Wer wahllos trinkt, schändet den Wein. Wer schlechte und verfälschte Weine in sein Haus läßt oder auch nur bei anderen berührt, gibt ein übles Beispiel und verdient nicht, daß ihm je noch ein guter Tropfen zuteil wird. Wer den Wein nicht ehrt, ist ein Barbar.

Jeder Alkohol macht Appetit und betont den Hunger. Ferner unterstützen die Gärungsalkohole – der Wein und das Bier – dank ihrem Gehalt an Fermenten die Verdauungsarbeit.

Der Wein muß zu den Speisen passen und die zur vollen Entwicklung seines Wohlgeschmacks nötige Temperatur haben.

Nicht zu jedem Gericht paßt der gleiche Wein. Die Weine, die neben der Speisenfolge herlaufen, müssen vielmehr sorgfältig abgestuft werden, und jeweils den richtigen zu wählen, erlauben nur die geübte Zunge und eine lange Erfahrung. Im Verein mit passenden Weinen ergeben liebevoll und kunstreich bereitete Gerichte unbeschreibliche Geschmackssymphonien, die den Gastrosophen in andere Welten tragen.

Man muß sich im besonderen merken, daß die hitzigen, d.h. die alkoholreichen (schweren) Weine, also in erster Linie die Südweine, den Geschmack stumpf machen, wie schon HORAZ (64 bis 8 v.Chr.)

hervorhebt (*Satiren* II, 8, 38), und deshalb erst zum letzten Gericht, dem Nachtisch, gereicht werden dürfen.

Die Anpassung der Weine an den Speisezettel ist eine große und schwere Kunst. Ich kann darüber hier nur das Wichtigste sagen.

- Die fette wie die magere Suppe und ebenso die Vorspeise vertragen sich mit Xeres (Sherry), Madeira, Porto und ähnlichen Gewächsen.
- Der in Wasser gekochte Fisch läßt milden Weißwein zu: Grave, Cérons, Barsac, Sauterne oder Bourgogne, Meursault, Montrachet oder Anjou, Vouvray, Saumur.
- Zum gebratenen und gebackenen Fisch können wir ziemlich trockene Sorten reichen: Chablis, Léognan, Saumur.
- Die Auster verlangt zarte, dicke Weine: Cérons, Marsac, Meursault. Auch Chablis mag hingehen.
- Den Eierspeisen und den weißen Fleischarten gesellen wir leichten Bordeaux, Beaujolais, Touraine, Bourgueil und Chinon bei.
- Das dunkle Fleisch liebt nicht zu alten Bourgogne, Pommard, Beaune, Volnay oder Nuits.
- Der weiße Braten verträgt sich gut mit altem Bordeaux, Saint-Julien, Margaux und Pauillac.
- Mit dem roten Braten verbinden wir Saint-Émilion, Bourgogne, Medoc, Richebourg, Musigny, Chambertin.
- Die Salate erfordern etwa die gleichen Weine wie der in Wasser gekochte Fisch.
- Zu den Gemüsen und den Pilzen passen Bordeaux, Bourgogne und Beaujolais. Die Pilze lassen die Blume edler alter Weine besonders hervortreten. Zur Artischocke trinkt man keinen Wein; sie vertragen sich geschmacklich nicht miteinander.
- Zum Käse darf nur Rotwein, zum Nachtisch soll vorzugsweise Weißwein gegeben werden.
- Die Mayonnaise tut sich gerne mit massigen Weißweinen zusammen; sie bevorzugt Bourgogne.
- Butter und Käse werden durch Portwein ergänzt.
- Das Obst, das Gefrorene und die schweren süßen Kuchen rufen nach Champagner, aber auch nach körperreichen Weinen, d. h.

süßen Dessert- und Likörweinen: Muscat, Lunel, Malvoisie, Cap, Chypre, Ungar. Zu den Nüssen kann man Bourgogne geben. Sie machen seine Blume noch deutlicher. So ließ schon HORAZ (64 bis 8 v. Chr.) auf Tibur (heute Tivoli) zum alten Falerner Nüsse auftragen.

- Wie Bourgogne sind Rhône, Châteauneuf du Pape, Ermitage und Côte Rotie zu gebrauchen, wie Chablis und Grave sec die elsässischen, die pfälzischen, die Rhein- und die Moselweine. Die Spitzensorten der deutschen Gewächse können angenehme Abwechslung in die Reihe der französischen Weine bringen und sogar teilweise ihre Stelle für sich beanspruchen. Es gibt heute sehr gepflegte Pfälzer-, Rhein- und Moselweine, die der feinsten Tafel zur Zierde gereichen. Die guten deutschen Weine sind aber leider wenig zahlreich.
- Wird die Zahl der Speisen in einer Mahlzeit eingeschränkt, was ich ja befürworte, so verringert sich auch die Reihe der Weine.
- Jeder gute Wein verlangt ein großes, weites Glas. Die große Fläche läßt den Duft des Getränkes frei ausströmen; wir trinken ja den Wein nicht bloß, sondern atmen ihn auch ein.
- Weißweine müssen gekühlt werden, sie schmecken bei etwa 11 °C am besten. Rotweine müssen Zimmertemperatur haben; man läßt sie daher erst einige Stunden in einer Karaffe warten. Schaumweine sind nur eisgekühlt möglich.

Das Bier

Auf der großen Tafel darf sich das Bier nicht sehen lassen, es kann nur einen einfachen Imbiß schmücken und würzen. Zu Butterbrot mit Käse am späten Morgen oder am Nachmittag z. B. kann sich der Kenner nichts anderes denken als Bier. Der Käse und das Bier ergänzen sich geschmacklich in vollendeter Weise.

Anders jedoch verhält es sich mit den englischen Bieren: Porter, Ale und Stout. Sie werden mit Vorliebe zu Austern getrunken.

Jedes Bier wünscht stark gekühlt zu werden.

Die Schnäpse und Liköre

In manchen Ländern besteht die Gepflogenheit, einige Zeit vor dem Essen ein gebranntes Getränk zu nehmen. Diese Getränke führen den Namen Apéritif, d.h. Öffnungstrunk. Und durchaus mit Recht; denn Alkohol macht erwiesenermaßen sowohl Appetit als auch Hunger. Da es aber bedenklich ist, gebrannten Alkohol in den leeren Magen zu bringen, möchte ich diese Gewohnheit nicht empfehlen. Ein gelegentlicher Apéritif schadet gewiß nicht.

Nach dem Essen, d.h. zum und nach dem Kaffee sind Schnäpse und Liköre wohl am Platze und von guter geschmacklicher Wirkung. Sie müssen aber passend gewählt werden. Regeln hierfür gibt es kaum; man muß sich auf seinen Geschmackssinn verlassen können und häufig überprüfte Erfahrung besitzen.

Ein gepflegter Likör nach einer vortrefflichen Tafel und in schöner Umgebung und Gesellschaft bedeutet einen großen Genuß. Ich denke an Venedig. Wenn man dort spät an einem Sommerabend nach der Mahlzeit auf dem Markusplatze der Musik lauscht und die fröhlichen Menschen sieht, dann bekommt einem ein Maraschino oder Campari (oder was man sonst schätzt) ganz vortrefflich.

Alle Schnäpse und Liköre sind nur eisgekühlt wirklich wohlschmeckend.

Der liebe, beschwingende Kaffee

Armer Kaffee! Was mußt du dir alles von Pfuschern und Filzen bieten lassen! Nur wenige verstehen es, dich würdig zu bereiten: so zu behandeln, daß du deinen vollen Duft spenden und alle deine herrlichen Kräfte in uns gießen kannst.

Fort vor allem mit koffeinfreiem Kaffee (in Wirklichkeit ist er nur koffeinarm!), falls du nicht herz-, gefäß- oder nierenleidend bist! Her die edeln Sorten und selber gemischt, was sich gut zusammenfügt. Täglich frisch geröstet, aber ja nicht zu scharf. Ausprobieren, welche Sorten sich am besten mit dem Wasser der Gegend vertragen.

Nur Aufgüsse sind zulässig, alles andere ist Murks. Die richtig gemischten und frisch gerösteten Bohnen werden in einer Mühle, die nur für den Kaffee da ist (für gar, gar nichts anderes!), fein gemahlen. Das Pulver wird in die vorgewärmte Porzellankanne geworfen und in kleinen Abständen gußweise mit kochendem Wasser überschüttet. Manche empfehlen, jedesmal den Deckel fest aufzulegen. Man läßt dann den Kaffee in der Wärme (aber nicht auf dem Feuer!) kürzer oder länger ziehen, je nach Geschmack und Erfrischungsbedürfnis; dabei soll die Kanne umwickelt sein oder eine Haube tragen. Wenn der Kaffee dann sogleich in die Tassen gegeben wird, ist Umfüllen in eine andere Kanne durchaus nicht nötig. Beim Ausschenken muß aufgepaßt werden, damit der Satz nicht plump herauskugelt.

Die gesundheitlich einwandfreieste Art der Zubereitung ist die der Türken. Mach dich mit ihr vertraut! In dieser Form kann der Kaffee die Gehirnrinde nicht über Gebühr erregen.

Streckmittel sind verpönt. »Jeder – jeder! – Kaffeezusatz ist Schweinerei«, sagt HANS W. FISCHER in seinem *Schlemmerparadies*, und er hat nur zu recht.

Bei einer großen Mahlzeit hat sich der Kaffee ganz am Ende aufzustellen: hinter der letzten Speise, zwischen dem letzten Wein und dem ersten Schnaps oder Likör. Er erhält uns wach, bewahrt den Redefluß vor dem Absterben, wirkt dem genossenen Alkohol entgegen und – was wichtig ist! – verschafft uns Sättigungsgefühl (verlegt den Hunger). Stets wird der Kaffee ganz heiß getrunken; am besten aus kleinen Tassen.

Viele nehmen weder Zucker noch Sahne zum Kaffee, um seinen Geschmack ganz rein zu empfangen und seine Wirkungen nicht abgeschwächt zu sehen.

Der Kaffee liebt eine Begleitung von schweren Kuchen, auch Butterbrot mit Marmelade sieht er gerne. Diese Begleitung ist aber lediglich beim Morgen- und beim Nachmittagskaffee erlaubt; zum Kaffee, der eine schöne Speisenfolge krönt, darf nichts, aber auch gar nichts Eßbares gereicht werden.

Der weckende Edeling Tee

Auch mit dem Tee wissen so viele nicht umzugehen; er wird nicht minder mißhandelt als der Kaffee.

Wer den ersten besten oder gar den billigsten Tee kauft, kann mir bloß leid tun; denn er wird nie hinter die Geheimnisse dieses adligen Getränkes kommen. Man muß sich Mühe geben und so lange suchen, bis man guten gefunden hat. Die geübten Sinne wissen den Schund vom echten Tee zu unterscheiden.

Wir brühen den Tee in einer vorgewärmten Porzellankanne mit kochendem Wasser an und lassen ihn nur kurz ziehen. Dann gießen wir ihn in eine zweite, gleichfalls vorgewärmte Porzellankanne ab. Niemals dürfen die Blätter in ihm schwimmen bleiben, weil sie zuviel Gerbstoffe an ihn abgäben und ihn dadurch allzu herb machen müßten.

Ein feiner Tee ist das schönste Nachmittagsgetränk, doch auch am Morgen ist er nicht übel. Zu ausgesprochenen Mahlzeiten paßt er nicht, es sei denn ein kleiner Imbiß, etwa ein bescheidenes Abendbrot.

Gleich dem Kaffee muß der Tee heiß genossen werden. Er fühlt sich nur in ziemlich großen Schalen aus dünnstem, durchsichtigem Porzellan wohl.

Die Kenner gestatten zum Tee weder Zucker noch Sahne, doch ist das nicht jedermanns Sache. Mit guter Sahne und leicht gesüßt ist er noch höchst wohltuend und von angenehmem Dufte. Eine gute geschmackliche Zutat ist die Zitrone.

Mit massiven Kuchen will der Tee nichts zu tun haben, ihm liegt nur kleines Gebäck, aber feines allein. Er liebt vor allem mit ganz frischer Butter bestrichenes Weißbrot, am liebsten frisch geröstetes und noch recht heißes (Toast), und tut sich auch gerne mit Dunstobst[42] und erlesenen Konfitüren zusammen.

---

42 siehe Fußnote Seite 60

Das Speisezimmer und die Tafel

Ausgesprochene Speisezimmer gibt es erst seit etwa 150 Jahren. Das Speisezimmer ist kurz vor der französischen Revolution aufgekommen. Vorher – in der »guten alten Zeit« – aß man an Werktagen in der Küche selbst und an Festen und Feiertagen im Salon. Die Schloß- und Palastherren wählten zum Tafeln, bald diesen, bald jenen Raum ihrer weiten Behausung. Die französischen Könige waren beim Essen dem Volke sichtbar; sie nahmen ihr Mahl in einer Galerie des Schlosses ein.

Die neue Einrichtung hatte gegen die größten Widerstände zu kämpfen. In ihrem *Dictionnaire des Etiquettes* ist die COMTESSE DE GENLIS (1746 bis 1830), die Erzieherin der Kinder des DUC D'ORLÉANS, ganz gegen jede neue Einteilung und Bestimmung der Räume. Aber alles Widerstreben war umsonst; sehr rasch befreundete sich jedermann bis in das kleine Bürgertum hinunter mit der Neuerung. Das Speisezimmer machte dann zuerst noch allerlei Kinderkrankheiten durch: es wurde überladen und unpraktisch eingerichtet, aber diese Mißstände sind heute überwunden; wir sind heute in der Lage, das Speisezimmer allen Anforderungen der Gesundheitsbewahrung, der Genußpflege und des guten Geschmacks entsprechen zu lassen. Heutzutage ist das Speisezimmer geräumig, luftig, praktisch, nicht überladen und geschmackvoll ausgestattet. Es muß in unmittelbarer Nähe der Küche liegen, damit man alle Speisen und Getränke ganz frisch erhält, und muß gut heizbar sein. Aussicht auf Gärten oder auf die freie Natur ist wünschenswert.

Daß in anderen Räumen als dem Speisezimmer getafelt wird, darf heute nicht mehr vorkommen, da es gesundheitswidrig wie geschmacklos ist.

Während des Essens darf nicht geraucht werden. Man meide öffentliche Abfütterungsstätten, die von Tabaksqualm erfüllt sind. Verpestete Luft verdirbt den Appetit und die Stimmung. Der Gastrosoph raucht nach dem Essen und in einem anderen Raume – sofern er überhaupt raucht.

Alle Gegenstände, die sich auf der Tafel befinden, dürfen kostbar sein, aber sie müssen es nicht sein. Es genügt, daß sie gediegen und geschmackvoll sind. Nicht auf den äußeren Prunk kommt es an, sondern auf die Güte der Speisen und der Getränke; das haben alle Gastronomen je und je betont.

Der Formensinn kommt bei Tafel nicht völlig auf seine Rechnung, wenn wir nicht auch auf Blumenschmuck Wert legen. Liebe zu den Blumen, überhaupt zu den Pflanzen ist ein ausgeprägter Zug aller Völker von echter Kultur. Seit dem höchsten Altertum weiß man, daß nicht allein das Auge und die Nase Freude an den Blumen haben, sondern daß diese herrlichen Naturkinder auch durch ihre Schönheit für gute Stimmung sorgen und durch ihren Duft den Appetit vermehren. Die Szythen warfen in das Lagerfeuer, in dem sie ihr bereiteten, Blüten, Früchte und Samen; die aus dem Feuer strömenden Gerüche versetzten sie in Rauschzustände und weckten in ihnen Lust zum Tanzen. Die Griechen wie die Römer steckten sich Blumen ins Haar und an die Kleidung, bevor sie sich zum Essen niederlegten; sie liebten beide namentlich die Rose. Selbst die rauhen Gallier übernahmen diese Gepflogenheiten von den Römern. Der römische Kaiser HELIOGABAL (204 bis 222 n. Chr.) trieb beim Zechen geradezu Mißbrauch mit den Blumen. J. SCHERR berichtet uns in seinem Werke *Menschliche Tragikomödie* von ihm (gestützt auf die *Historia Augusta* des LAMPRIDIUS), daß er zuweilen seine Gäste verließ und einsperrte; »dann schob sich plötzlich die Decke des Speisesaals auseinander, ein nicht enden wollender Wolkenbruch von Rosen, Violen und Lilien fiel aus der Öffnung herab und erstickte die Schmausenden unter seiner duftenden Wucht.« Wenn die Königin RADEGUNDE den hl. FORTUNAT zu Tisch bat, ersetzte sie das Tischtuch durch ein Bett von Rosen. Bis auf den heutigen Tag ist die Blume der beliebteste Tafelschmuck geblieben. Frankreich hat uns eine regelrechte Lehre der Ausschmückung der Tafel mit Blumen beschert. Man versäume nie, das Speisezimmer und den Tisch mit Blumen zu versehen. Die Schnittblumen verteilt der Gastgeber nach Aufhebung der Tafel an die Damen.

৯ঌ Speisezimmer & Tafel ঌ৯

Und die Musik? Was man sich in dieser Beziehung heute bieten lassen muß, ist sehr, sehr traurig. Jazz und Lautsprecher sind Trumpf, entsprechen aber nicht den Wünschen, die der Gastrosoph beim Essen an die Musik stellt. Zum bewußten und genußreichen Speisen gehören Aufmerksamkeit und Sammlung, und man muß sich essen hören können. Außerdem gehen von Speisen und Getränken mancherlei Geräusche aus, deren Aufnahme in unser Bewußtsein nicht unwichtig ist für die Genußpflege. Aufdringliche Musik mag ja über eine schlechte Tafel hinwegtäuschen können, aber der Tisch des Gastrosophen zieht das Schweigen vor. Wenn wir speisen, haben wir ein Anrecht auf Stille. Ich meine das natürlich nicht wortwörtlich. Wollten wir z. B. beim Schmausen gar kein Wort reden, so müßte sich jeder bedrückt fühlen, und der Genuß wäre beeinträchtigt. Das Gespräch bildet ja einen wesentlichen Teil der Tafelfreude. Aber wie sinnloses Geschwätz an voller Würdigung des Gebotenen hindert (in diesem Sinne sagt PERDICAS: »Die Stille ist die schönste Zier einer Frau.«), so kann uns auch unzeitige und unpassende Musik alles verderben. PAOLO VERONESE (CALIARI), der ausgesprochenste Vertreter der venetianischen Malerschule (1528 bis 1588) zeigt uns auf seinem Bilde *Die Hochzeit zu Kana*, wie sich die Venetianer das Verhältnis zwischen Musik und Tafel dachten. In einem weiten Palaste speisen etwa 100 Personen. Ihnen spielt ein entferntes Orchester zum Essen auf. Sie empfinden diese kaum vernehmbare Musik nicht stärker, als man das Summen einer über Fensterscheiben streichenden Wespe wahrnimmt. Wir können noch heute keine andere Vorschrift geben. Während eines großen Mahles ist nahe und laute Musik durchaus unmöglich. Dergleichen mag auf einem Volksfeste Bewunderung finden, dem Gastrosophen ist es zuwider. Erst nach Aufhebung der Tafel ist ihm Musik erwünscht. Auch zum Nachmittagskaffee oder -tee läßt er sie gerne zu.

Daß Tanzen während des Tafelns ebenfalls eine Geschmacklosigkeit ist, braucht einzig denen bedeutet zu werden, die noch nicht einmal das Abc der Gastrosophie beherrschen.

Speisezettel-Vorschläge mit Weinfolge

Menü 1		
	Frisches Obst	Madeira
	Kressebrötchen	
	Sardinensuppe	
	Straußenei	Bourgogne
	Pommes frites	
	Römischer Salat	
	Reis auf ägyptische Art	
	Butter und Käse	Porto
	Gefrorenes	Malvoisie

Menü 2		
	Nußsuppe	Xeres (Sherry)
	Chesterkracher	
	Seezunge in Apfelwein	Saumur (Grave, Mosel)
	Rehpfeffer	Volnay
	Gnocchi	
	Knoblauch-Zwiebeln	
	Butter und Käse	
	Rêve à la Rose	Lunel

Menü 3		
	Austernsalat	Ale oder Marsac
	Petersiliensuppe mit Käse	Chinon
	Lachsartiges Kalbfleisch	
	Eisgekühlter Salat	
	Soufflierte Kartoffeln	
	Fondue	Touraine
	Butter und Käse	
	Obst und Nüsse	Ungar

Menü 4		
	Frisches Obst	Beaujoulais
	Estremadura-Salat	
	Topinambur-Soufflé	
	Eier à la Tripe	Bourgueil
	Butter und Käse	
	Puits d'Amour	Muscat

Speisezettel-Vorschläge

Menü 5

Diablotins tentateurs	Xeres (Sherry)
Lauchsuppe mit Tomateneinlage	
Hummerpastete	Chablis (Mosel)
Hammelkoteletten à la Champallon	Margaux
Gefüllte Eierpflanzen	Bourgogne
Kartoffel- und grüner Salat	
Butter und Käse	Porto
Obst und Nüsse	Muscat
Brioches à la Cordouan	

Menü 6

Appetitschnittchen	Madeira
Reissuppe mit Kohl	
Haferwurz à la Cuisinière	
Geröstete Champignons	Bordeaux
Pommes frites au Porto	
Butter und Käse	Cap
Obst und Nüsse	

Menü 7

Pfefferminzsuppe	Xeres (Sherry)
Rohgemüse	
Gefüllte Madeirazwiebeln	
Blumenkohl Karoline	Bordeaux
Weiße Bohnen au Gratin	
Maccheroni	
Butter und Käse	Porto
Crème Beauvoir	Ungar

Menü 8

Frisches Obst	Xeres (Sherry)
Pistaziensuppe	
Ochsenzunge auf elsässische Art	Médoc
Gemischter Salat	Anjou (Pfälzer), Bordeaux (Mosel)
Steinpilze auf provenz. Art	
Butter und Käse	Porto
Karamelpudding	

Menü 9	Artischocken-Chutney	*Madeira*
	Rohgemüse	
	Stachys mit weißer Tunke	
	Soufflierte Kartoffeln	*Beaujolais*
	Rote Bohnen in Wein	
	Butter und Käse	*Porto*
	Obst und Nüsse	

Menü 10	Ramequins	*Madeira*
	Zwiebelsuppe mit Käse	
	Forelle François	*Chablis (Pfälzer, Rhein, Mosel, Elsässer)*
	Kardonen au Gratin	
	Gefüllte Kartoffeln	
	Ravioli	
	Butter und Käse	*Ungar*
	Pistaziencrème	

Menü 11	Cerneaux au Verjus	*Chinon*
	Blumenkohlsalat	
	Petits soufflés au Parmesan	
	Gestovte Gürkchen	*Bordeaux*
	Gnocchi (aus Kartoffeln)	
	Tomatensalat	
	Butter und Käse	*Cap*
	Gefrorenes	

Menü 12	Rohgemüse	*Bourgogne*
	Bunter Kartoffelsalat	
	Getrüffelte Eier	*Chinon*
	Quiche lorraine I	
	Butter und Käse	
	Gefrorenes und Obst	*Chypre*

Die obigen Speisezettel sind nur Vorschläge und sollen lediglich Anfängern Hilfe leisten. Der Gastrosoph stellt sich ein viel besseres Menü selbst zusammen.

Inhaltsverzeichnis

Impressum **2**

Vorwort der Verlegerinnen **3**

Vorrede **4**

Einführung in Theorie und Lehre **6**
   Geschichtlicher Überblick **6**
   Wer ist ein Gastrosoph? **12**
   Wann wird man Gastrosoph? **16**
   Zivilisation und Kultur, Politik und Liebe und ihre
   Beziehungen zu Küche, Keller und Tafel **18**
   Nahrungsbedarf und Nahrungsbedürfnis **30**
   Moderne Ernährungshygiene **38**
   Alte Gastronomie und neue Gastrosophie **43**
   Gott schmaust in Frankreich **44**
   Berechtigung und Notwendigkeit des Komforts
   und des Luxus **46**

Praktische Gastrosophische Unterweisungen **50**
   Die Voraussetzungen **50**
   Vom Kochen **52**
   Vom Mischen **54**
   Vom Würzen **56**
   Von den nötigen Temperaturen **58**
   Die Speisenfolge **59**
   Das verjüngende und verschönende Obst **66**
   Die mundige Vorspeise **68**
   Die saftlockende Suppe **72**
   Der erfrischende und entschlackende Salat **75**
   Das gesunderhaltende Gemüse **78**

Die leckeren Pilze **84**
Hülsenfrüchte **85**
Die duftige Eierspeise **86**
Gerichte aus Getreide **89**
Fleischspeisen **92**
Wild **94**
Fische und Schalentiere **95**
Die schmeichlerische Tunke **98**
Der köstliche Nachtisch **103**
Die belebenden und beseligenden Getränke **106**
   Der göttliche Wein **106**
   Das Bier **108**
   Die Schnäpse und Liköre **109**
   Der liebe, beschwingende Kaffee **109**
   Der weckende Edeling Tee **111**
Das Speisezimmer und die Tafel **112**
Speisezettel-Vorschläge mit Weinfolge **115**

Inhaltsverzeichnis **118**

Verzeichnis der Rezepte **120**

Verzeichnis der besprochenen Getränke **121**

Rezeptverzeichnis

Amerikanische Tunke 99
Appetitschnittchen 71
Artischocken auf
    französische Art 78
Artischocken-Chutney.............. 68
Austernsalat................................71

Béchameltunke 101
Belegte Brote 68
Blumenkohl Karoline................... 81
Bohnen
    rote, in Wein 85
    weiße, au Gratin 85
    Sau- 85
Brioches à la Cordouan.............103
Bunter Kartoffelsalat...................75
Butterreis 90

Cerneaux au Verjus.....................69
Champignons, geröstet.............. 84
Chaudeau.....................................72
Chesterkracher............................ 68
Crème Beauvoir 105

Diablotins tentateurs.................. 70

Eier à la Tripe................................87
    getrüffelte................................ 86
    türkische 87
Eierpflanzen
    à la Languedocienne.................79
    mit Gänseleber gefüllte.......... 80
Eisgekühlter Salat........................76
Erbsen, junge 85
Estremadura-Salat 77

Fasan mit Trüffel- und
    Gänseleberfüllung.................. 94
Fondue...87
Forelle François 95

Getrüffelte Eier........................... 86
Gestovte Gürkchen..................... 81
Gnocchi.. 90
Gratin Périgourdin 69
Grüne Tunke 102
Gefüllte Kohlrüben......................83
    Languste...................................97
    Madeira-Zwiebeln 82

Haferwurz à la Cuisinière 79
Hammelkoteletten
    à la Champallon.....................93
Hummerpastete 96

Junge Erbsen 85

Kalbfleisch, lachsartiges 92
Kardonen au Gratin..................... 80
Kartoffelgnocchi.......................... 91
Kartoffeln, soufflierte................. 81
Kartoffelsalat, bunter 75
Knoblauch-Zwiebeln....................82
Kohlrüben, gefüllte.....................83
Königintunke.............................. 101
Kressebrötchen.......................... 70

Lachsartiges Kalbfleisch..............92
Lamm auf ungarische Art 93
Languste, gefüllte 97

Maccheroni 89
Madeira-Zwiebeln, gefüllte..........82
Makrelen auf flämische Art.........95
Marquise au Champagne 104
Mayonnaise.................................102
Meerrettichtunke..................... 100
Montmorency-Gefrorenes 105
Munkaczina 70

Nuß-Suppe...................................72

Obst in Likörtunke......................67
Obstalat..66
Ochsenzunge, elsässisch..............92

Petersiliensuppe mit Käse...........72
Petits soufflés au Parmesan........ 88
Pfefferminzsuppe........................73
Pfeffertunke............................... 100
Pilzrändchen................................ 84
Pirozki serniki............................103
Pistaziencrème...........................105
Pistaziensuppe 74
Pommes frites au Porto..............82
Provenzalischer Salat 75
Puits d'Amour............................ 104

Quiche lorraine I......................... 91
  II...105

Ramequins....................................69
Rehpfeffer.................................... 94
Reis auf ägyptische Art............... 89
Reissuppe mit Kohl......................73
Rêve à la Rose........................... 104
Risotto.. 90
Rohgemüse-Allerlei 78
Römischer Salat...........................76
Rote Bohnen in Wein.................. 85
Rübchen in Madeira....................83

Salat
  bunter, Kartoffel-......................75
  eisgekühlter 76
  Estremadura- 77
  provenzalischer..........................75
  römischer...................................76
  Toulouser...................................75
Salattunke 98
Sardinensuppe 73
Saubohnen 85
Sauce Vincent............................. 100
Seezunge in Apfelwein................95
Senftunke 101
Soufflierte Kartoffeln 81

Spaghetti auf Neap. Art 89
Stachys mit weißer Tunke...........79
Steinbutt à la Calaisienne...........96
Steinpilze auf
  provenzalische Art 84
Straußenei................................... 86
Suppen
  Nuß- 72
  Petersilien-, mit Käse 72
  Pfefferminz- 73
  Pistazien- 74
  Reis- mit Kohl 73
  Sardinen- 73
  Zwiebel-, mit Käse 74

Tomaten à la Couloume 80
Tomatentunke........................... 101
Topinambur-Soufflé....................83
Toulouser Salat............................75
Tout-Bordeaux-Gefrorenes...... 104
Tunke
  amerikanische...........................99
  Béchamel- 101
  grüne 102
  Königin- 101
  Meerrettich- 100
  Pfeffer- 100
  Salat- 98
  Senf- 101
  Tomaten- 101
  Vincent- 100

Weiße Bohnen au Gratin........... 85

Zichoriensoufflé 88
Zwiebelsuppe mit Käse...............74

GETRÄNKE

Das Bier......................................108
Der Kaffee..................................109
Die Schnäpse und Liköre..........109
Der Tee.......................................111
Der Wein....................................106

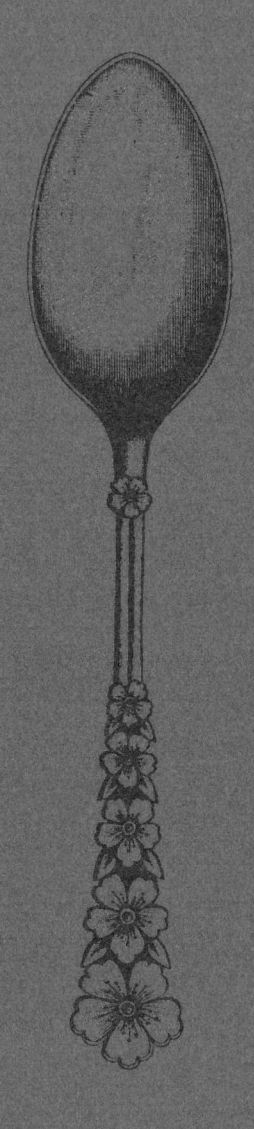